제자 Ⅱ

말씀 속으로 세상 속으로

지도자용

DISCIPLE: INTO THE WORD INTO THE WORLD

Teacher Helps

kmc

구약
성경 연구

신약

성경 연구

교재의 구성과 내용

각 과에는 매일 준비할 내용과 매주 모임을 위해 특별히 준비할 내용이 있다.

주제
각 과의 제목과 내용의 단서가 된다.
- 모임 때마다 그 과의 주제를 게시한다.
- 전체 이야기의 순서와 성경 이야기의 내용을 파악하기 위해 각 과의 제목과 주제를 암기하는 것이 좋다.

제목
각 과의 주요 사건이나 내용, 성경 이야기의 진행이나 강조점을 제시한다.

요절
각 과의 초점을 제시하는데, 전체 모임을 시작하면서 한목소리로 같이 읽거나 암기하여 한두 사람이 발표하게 한다.

우리의 모습
우리가 누구인지, 우리의 속성이 어떠한지, 어떤 상태이며 어떤 상황에 처했는지를 서술한다. 성경을 연구하는 동안 삶의 방향을 새롭게 설정하여 주시며 새로운 사역에 임하게 하시는 하나님을 만나게 된다.
- 우리는 하나님 때문에 '우리의 모습'에 표현된 자신의 모습이 바뀌어야 함을 깨닫는다.
- 우리는 성경에 나타난 용서하시는 하나님 때문에 용서받은 자신을 용납한다.
- 우리는 하나님의 부르심 때문에 그를 위한 사역에 헌신한다.
각자의 경험에 비추어 '우리의 모습'을 자신만의 말로 고쳐 말하게 한다.

내려놓기
모든 것을 시작하기 전 하나님의 도움을 구하는 부분이다. 교재에 제시된 시편 구절은 개인 기도의 출발점이 될 수 있다.
- 매주 개인적인 기도 제목들과 성경을 연구하면서 생기는 기도 제목들을 기록하게 한다.
- 서로를 위해 기도할 수 있는 기회를 마련한다.
- 기도는 각자의 사역을 뒷받침하는 힘이 됨을 강조한다.

귀 기울이기
훈련 교재 〈제자〉의 중심은 성경이다. 매일 성경을 읽고 연구하는 훈련을 하는 것과 그것을 계속 유지하는 것이 제자가 되어 가는 과정에서 매우 중요한 요소임을 강조한다.

- '귀 기울이기' 부분은 읽어야 할 성경 구절과 교재 내용, 기록할 내용을 날짜별로 지시한다.
- 각 과의 둘째 쪽에 있는 빈칸은 매일 성경을 읽으면서 생기는 의문점이나 느낌, 새로운 깨달음, 중요하다고 생각하는 내용들을 기록하는 데 사용한다. 함께 공부하는 동안 기록한 내용들을 서로 나누고 토의할 수 있는 기회가 많을 것이다.
- 날마다 성경을 읽고, 빈칸에 기록하는 훈련을 하는 것이 중요함을 강조한다.
- 지도자 스스로가 매일 성경을 읽고, 연구하고, 기록하는 모범을 보인다.
- 매주 각자 준비한 내용들을 될 수 있는 대로 함께 나누고 사용하게 한다. 이 일이 얼마나 활발히 이루어지느냐에 따라 한 주간 개인적인 성경 읽기의 성패가 결정될 것이다.
- '연결고리'는 성경을 연구하는 다양한 방법을 제시한다. 각 본문에 적합한 방법을 찾아 적용하는 훈련을 하게 한다. 성경을 읽고 그 의미를 깊이 이해하는 데 큰 도움을 줄 것이다.

영성 훈련
매주 묵상하고 실천할 수 있게 영성 훈련의 방법을 하나씩 소개한다. 하나님의 은혜로 그분께 가까이 나아갈 수 있는 길이 된다.
- 매주 적용하고 실천하는 데 도움을 줄 질문들을 제시한다.
- 영성 훈련(내적인 삶)과 사역(외적인 삶)이 연결될 수 있게 한다.

말씀 속으로
성경을 해석하고 그 의미를 찾는 부분이다.
- 성경을 읽을 때나 그룹 토의를 하며 각자의 깨달음을 나눌 때 중요한 내용을 여백에 기록한다.
- 지도자는 각자가 기록한 내용을 함께 나눌 수 있는 방법을 결정해야 한다. 어떤 내용은 혼자만 간직하게 할 수도 있고, 또 어떤 내용은 두세 사람이 짝을 지어 나누게 할 수 있으며, 또 어떤 내용은 전체가 함께 나누는 편이 좋은 것도 있을 것이다.

세상 속으로
이 부분의 초점은 사역이다.
- 우리의 모습, 성경 말씀, 사역이 연결되어 서로 영향을 주고받게 한다. 사역의 방향은 '우리의 모습'을 성경을 통해 바라볼 때 깨달을 수 있다.
- 성경의 음성을 귀담아듣는다.

- 매주 자신의 사역에 헌신 봉사할 것을 말하게 한다. '세상 속에서의 하나님 말씀'과 관련된 일일 것이다.
- 기록한 것들을 서로 나눌 수 있게 여러 방법으로 접근한다.

안식일

하나님께 마음과 생각을 집중하도록 돕기 위하여 안식일을 지키는 몇 가지 차원을 소개한다.
- 안식일을 지키게 한다.
- 안식일을 지킬 때 가정의 우선순위와 개인의 우선순위 사이에 모순이 생기는 경우 어떻게 해야 할지 올바른 방향을 제시한다.

더 알아보기

추가해 읽어야 할 성경 본문이나 특정한 주제를 주어 참고 자료들을 바탕으로 조사한 후 전체 모임에서 발표하게 한다.
- 각자 조사하고 연구한 내용을 발표할 수 있게 기회를 제공한다.
- 이 부분에 제시된 정보들 중에도 중요하고 유용한 것이 많으므로 꼭 읽어 보게 한다.

전체 모임 진행

시작 기도(5분)

한두 사람만 왔더라도 정시에 시작한다. 모임의 시작은 예배로 할 수도 있고, 교재에 제시된 주제어와 요절, 시편 구절을 소리 내어 함께 읽을 수도 있으며, 찬송을 같이 부를 수도 있다. 함께 기도할 일들이나 안식일 준행과 영성 훈련에서 경험한 것들, 매일 성경 읽기 훈련에 대한 일들을 나누어도 좋다.

이끄는 이야기(20-25분)

같은 주제 아래 같은 내용을 그룹 전체에 전달할 수 있는 기회다.
- 내용을 잘 이해한 후에 요점만 전달한다. 제시된 내용을 단순히 처음부터 끝까지 읽기만 하는 것은 좋지 않다.
- 질문할 수 있는 기회를 준다.
- 이야기를 하는 중에 중요하다고 생각하는 내용들을 기록하게 한다.
- '준비'는 신경을 써서 들어야 할 중심점을 미리 알려 준다.
- '요약'은 '이끄는 이야기'의 내용을 요약한 것이다.
- '대화'는 들은 것을 바탕으로 대화할 수 있게 방향을 제시한다.

성경과 교재(50분)

성경과 교재를 읽거나 연구하는 과정에서 생기는 의문점들과 정보들을 조직적으로 잘 정리하여 다룰 수 있게 돕는다. 의미를 찾을 수 있게 계획한다. 같은 내용이 반복되지 않게 주의한다.

휴식(10분)

10분만 휴식한다. 간단한 음료수를 준비해도 좋겠다.

말씀과의 만남(25분)

한 주간 읽은 성경 구절들 중에서 선택된 구절에 초점을 맞춘다. 모두가 이미 읽은 내용이지만 상세하게 연구하지는 못했을 것이다. 어떤 구절을 택할지 미리 말하지 않는 것이 좋다. 각 과에 있는 내용들을 포괄적으로 공부할 수 있게 돕는다. 그러나 지도자로서 어떤 방식과 과정으로 진행할 것인지 분명히 결정한다. 이 부분은 공동체 의식을 강화시켜 준다.

세상 속으로(20분)

이번 주에 중점을 둘 사역을 결정하는 부분이다. 학생 교재의 '세상 속으로' 부분에 적은 것들과 매일 성경을 읽으며 자신의 사역에 관해 기록한 것들을 사용하게 이끈다.

성경 말씀에서 얻은 메시지에 따라 각자의 사역이 정해지고, 또 그 사역에 헌신하는 것이 이 부분의 목표이며, 〈제자: 말씀 속으로 세상 속으로〉의 요점이다. 하나님은 누구이신지에 비추어 스스로를 인식하고(우리의 모습), 하나님의 용서(성경)에 근거하여 스스로를 용납하며, 하나님의 부르심에 의지하여 자신을 헌신한다(사역). 그러므로 이 부분에 할애할 시간을 감안하여 전체 모임 시간을 잘 계획하고 안배한다. 때때로 자신의 헌신에 대하여 이야기할 수 있게 한다.

마침 기도(5분)

다음 과의 '내려놓기' 부분에 함께 기도할 일들을 적는다. 영성 훈련에 도움이 될 질문들을 제시한다. 읽어야 할 성경 말씀과 교재 내용에 대해 이야기한다. 기도와 찬송 등 적절한 순서로 정시에 마친다.

훈련 교재 〈제자〉 교안

년   월   일

_____ 과   주제 _____   제목 _____

	시 간	중 심 내 용 (전달하고 질문할 내용과 방법, 토의 방향 등)	비 고
시작 기도	5분		
이끄는 이야기	20~25분		
성경과 교재	50분		
휴식	10분		
말씀과의 만남	25분		
세상 속으로	20분		
마침 기도	10분		

성경을 좀 더 깊게 연구하는 데 도움이 될 간단하고 효과적인 방법들을 제시한다. 매주 전체 모임 활동을 계획할 때에도 참조하면 좋을 것이다.

1. 하나님께서 내려 주실 은혜와 깨달음을 생각하면서 마음과 생각을 열고 성경 연구에 임하라.

2. 각 책의 역사적 배경을 찾으라. 누가 언제 썼으며, 누구를 대상으로 했으며, 주요 메시지는 무엇인가? 가지고 있는 성경책에 수록된 각 책의 개요를 읽어 보라.

3. 각 구절의 배경과 정황을 이해하기 위해 앞뒤 절과 장을 살펴보라.

4. 성경을 연구하면서 우리를 지탱해 주는 기억을 제공하는 힘, 즉 우리가 누구이며, 어디에서 왔으며, 어디로 가는지를 알려 주는 그 힘을 찾아보라.

5. 성경에서 만나는 인물과 장소, 사건, 용어, 개념 등을 표로 만든 다음 각각을 성경 사전에서 찾아보라.

6. 어떤 장소나 지명이 나올 때마다 성경이나 성경 지도에서 찾아보라. 다른 장소와의 관계를 마음에 새기라.

7. 각 구절의 문체를 살펴보라. 시, 비유, 이야기, 설교 중 어떤 것인가? 문체는 그 구절을 듣는 방법에 영향을 준다. 가지고 있는 성경책에 문체에 대해 설명한 글이 있는지 찾아보라.

8. 성경을 읽고 그 내용에 대해 질문하라. '누가? 언제? 어디서? 무엇을? 왜? 어떻게?' 그리고 답을 찾으려고 노력하라.

9. 상상력을 동원하여 이야기 속에 나를 집어넣어 보라. 이야기 속의 사람들이 보고, 듣고, 느끼는 것을 동일하게 보고, 듣고, 느껴 보라.

10. 어떠한 의미가 있는지 이해하기 위해 그 구절에 나타나 있는 중요 사상을 요약하라.

11. 계속 언급되는 사건이나 단어, 이미지를 살펴보라. 어디에 언급되어 있는가? 어떻게 서로 연결되어 있는가?

12. 원인과 결과, 그리고 전후 관계에 유의하라.

13. 더 깊은 의미를 파악하기 위하여 다른 번역의 성경책도 읽어 보라.

14. 중심 되는 단어를 선택한 후, 색인을 사용하여 성경의 다른 부분에서는 그 단어가 어떻게 쓰였는지 찾아보라. 정황에 따라 의미가 어떻게 달라지는지 살펴보라.

15. 어떤 단어나 개념, 사건이 언급된 성경의 다른 부분을 찾아 참조하라.

16. 기독교 신학 용어가 된 성경의 용어와 개념을 찾아내고 정의하라.

17. 본문에 질문이 포함되어 있는지, 있다면 어떤 대답이 가능한지 생각해 보라.

18. 성경에서 다 이루어졌다고 말하는 구절을 읽을 때, 그 부분을 지금 읽고 있는 구절과 연관해서 참고하고 연구하라.

19. 성경을 읽으면서 믿음과 행위가 연결되는 방법을 살펴보라.

20. 본문에 대해 스스로 질문하라. 그것들 사이의 관계, 중요성, 의미, 함축하고 있는 내용은 무엇인가?

21. 작지만 중요한 접속사들을 살피라. 그러므로, …이므로, … 할 때, 왜냐하면, 그리고, 그러나, 만약 등. 앞서 일어난 일들과 뒤이어 일어난 일을 살펴보라.

22. 성경을 해석하고 적용할 때 무엇이 본문에서 중요한 문제이고, 무엇이 부수적인 문제인지를 결정하라.

23. 중요 단어나 구절에 밑줄을 치라. 그것들의 반복에 주목하라.

24. 본문을 처음 들었던 사람들과 그들의 상황에 대해 알려 주는 모든 구절을 적으라.

25. 본문의 분위기와 경향을 알게 하는 단서들에 주목하고 귀 기울이라.

26. 비슷한 점과 다른 점을 찾아보라.

27. 문장의 주어(명사), 행동(동사), 행동의 목적(누가 무엇을 누구에게 했는가? 혹은 무엇을 했는가?) 등 문법에 주의를 기울이라. 특별히 동사가 독자에게 무엇을 말하는지 주의하라.

28. 성경 내용을 자신의 말로 이해하는 연습을 하라. 한 사건을 묘사하는 본문을 골라 연습하라.

29. 본문을 여러 번 읽으라. 다시 읽을 때마다 이전에 깨닫지 못했던 것을 발견하게 되면 기록해 두라.

30. 본래적인 의미나 일반적인 의미로 이해되는 용어들과 상징적인 의미로 이해되는 용어들을 구분하여 보라.

31. 성경을 큰 소리로 읽어 보라. 그리고 그 분위기와 메시지가 전달하는 감각을 느껴 보라.

32. 성경이 말하는 것이 무엇인지 정확히 관찰하고, 한 낱말 한 낱말 주의를 기울여 가면서 읽으라. 성경에 없는 내용을 스스로 집어넣어 읽는 것을 피하라.

영성 훈련

영적 생활에 집중하고 경험할 수 있도록 매과에 영성 훈련 방법을 제시하였다. 여기에는 32개의 방법들과 더불어 명상하고 실천하는 데 도움이 될 만한 질문들을 게재하였다. 매주 전체 모임을 마치는 시간에 이 질문 중 두 개를 제시하고, 교재에 적어 두고 한 주간 사용하게 한다. 전체 모임 시간에도 질문을 던짐으로써 영성 훈련의 중요성을 강조한다.

1. 찬양. 하나님의 섭리를 신뢰하는 법을 배움으로써 우리는 창조 세계 전체와의 올바른 관계에서 스스로를 볼 수 있게 됩니다. 그 관계는 기쁨으로 하나님께 순종할 수 있도록 우리를 자유롭게 합니다.

하나님께서 내가 필요로 하는 것을 공급하고 계신다는 사실을 믿는 것이 무엇을 의미하는가? 현재 나는 하나님의 다른 창조물들과 어떤 관계를 맺고 있는가? 어떤 태도나 행위를 바꾸어야 하는가? 어떤 것들이 내가 하나님의 창조 안에서 의식적으로 살 수 있게 도와주며, 다른 창조물들과의 관계 속에서 기쁨으로 살 수 있게 도울 수 있는가?

2. 고백. 자신을 직시하고 가식을 포기할 때, 우리는 자신의 죄가 자기뿐만 아니라 다른 사람들에게도 상처를 입혔음을 깨닫게 되고, 고백 자체가 용서와 치유가 됨을 경험합니다.

나 자신에게, 또는 남에게 고백해야 할 가식적인 면이 있는가? 남에게 해를 입히고 있다고 고백해야 할 것이 있는가? 어떻게 하나님께 고백하고, 하나님의 용서를 받을 수 있는가?

3. 봉사. 성령의 감동에 따라 우리는 종으로서의 삶을 선택하고, 누가 도움을 필요로 하는지, 어떤 도움이 필요하든지 자신의 사역을 묵묵히 수행해야 합니다.

매일 매순간 성령의 인도하심에 어떻게 민감할 수 있는가? 매일 종으로 살기 위해 취사선택하는 것과 봉사하기 위해 특별한 길을 선택하는 것은 어떻게 다른가? 어떻게 하면 자연스럽고 일상적으로 남을 위해 봉사할 수 있도록 사소한 사항들에 유의할 수 있는가? 어떻게 종으로서 역할을 감당한다는 생각을 하지 않으면서도 종의 역할을 할 수 있는 경지에 이를 수 있는가?

4. 순종. 나의 길을 포기하고 다른 사람들에게 관심을 돌릴 때 우리는 진정한 나, 즉 순종하게 되어 있는 우리의 정체성을 발견하게 됩니다.

내 방식대로만 하기를 원하는 나 자신에 대하여 무엇을 알고 있는가? 나는 내 방법대로 하기 위해 어떻게 정당화시키는가? 다른 사람과 서로 존경하고, 서로 책임을 지며 사는 것을 어떻게 배울 수

있는가? 자기를 중심으로 사는 모습과 남을 중심으로 사는 모습의 예에는 어떤 것들이 있는가?

5. 예배. 우리를 찾으시고 사랑하시는 하나님을 만날 때 우리는 예배를 드리고, 변화되고, 하나님의 지시를 기다리게 됩니다.

하나님의 임재하심에 대한 의식을 어떻게 예민하게 할 수 있는가? 예배에 임할 때 내가 생각하는 하나님의 모습은 어떠한가? 하나님과 나 자신 간에 어떤 일이 일어날 것으로 기대하는가? 어떻게 하면 하나님의 인도하심에 귀를 기울이고, 또 그것을 받아들이기 위해 준비할 수 있을까?

6. 기도. 기도하면서 하나님을 붙잡을 때, 우리는 하나님의 치유하시고, 힘주시고, 지도하시는 능력을 받을 수 있습니다.

끈질기게 기도한다는 것은 무엇을 의미하는가? 끈질기게 기도하는 것을 어떻게 증명할 수 있는가? 끈질기게 기도하는 것은 하나님께 많은 이야기를 하는 것인가? 기도가 나와 하나님 간의 교통이라면 내 마음속에서 억제해야 하는 것은 무엇인가?

7. 고독. 우리는 혼자 있는 시간을 침묵과 고독 속에서 하나님께 듣는 시간으로 바꿈으로써 다른 사람을 이해하고 그들에게 귀 기울이는 능력을 키울 수 있습니다.

혼자 있는 것을 얼마나 편하게 느끼는가? 침묵하는 것이 나에게는 얼마나 편안한가? 혼자 침묵하면서 하나님께 들을 때 나는 무엇에 집중하는가? 무엇을 들을 것인가?

8. 찬양. 하나님께서 내게 필요한 것이 무엇인지 알고 주신다는 것을 믿으면 근심에서 벗어날 수 있습니다.

하나님은 정말 공급하시는가? 하나님이 공급하신다면 나의 책임은 무엇인가? 하나님이 공급하시기 때문에 내가 버려야 할 근심은 무엇인가? 하나님의 공급하심을 믿을 때 나에게는 어떤 것들이 변화되어야 하겠는가? 하나님의 공급하심을 믿을 때 무엇을 찬양해야 하는가? 어떻게 찬양할 수 있는가?

9. 굴복. 모든 사람의 상호 의존성을 알게 될 때 우리는 다른 사람을 위해 행동하기 시작합니다.

나 자신이 다른 그룹의 사람들과 상호 의존적인 관계에 있음을 보기 시작하면 삶이 어떻게 바뀌겠는가? 만약 내가 만나는 사람마다 "이 사람과 나는 상호 의존적이다."라고 말한다면 무슨 일이 일어날까? 어떤 의미에서 나는 다른 모든 사람과 상호 의존적인가? 매일의 삶에서 내가 무엇을 해야 할까?

10. 명상. 우리는 하나님이 함께하시는 중에 기다리며, 하나님의 말씀을 묵상하고, 하나님의 음성을 들으며, 하나님의 부르심에 자

신을 열어 놓는다.

하나님의 말씀을 통하여 어떻게 하나님의 음성을 들을 수 있는가? 하나님께로부터 들을 때 무엇을 기록해야 하는가? 하나님의 말씀과 묵상을 통하여 하나님은 나에게 무엇을 하라고 부르시는가? 하나님은 말씀을 통하여 어떻게 인도하시는가? 특별한 성경 본문이 나를 인도하는가? 성경 전체가 나를 인도하는가? 성경을 읽고 묵상할 때 어떻게 하나님의 인도하심에 예민해질 수 있겠는가?

11. 인도. 하나님을 알면 알수록, 하나님의 말씀을 배우고 순종할수록, 우리가 어느 곳에 있든지 하나님이 인도하고 계심을 더 잘 분별하게 됩니다.

하나님의 인도하심을 느끼는 시간이나 상황은 언제인가? 하나님의 말씀을 듣는 가장 효과적인 방법은 무엇인가? 말씀을 통하여 하나님께 순종하는 것을 방해하는 요소들은 무엇인가? 어떻게 하나님의 인도하심을 계속적으로 느낄 수 있는가?

12. 금식. 우리는 영적인 삶에 집중하기 위하여, 그리고 하나님께 의존하고 있다는 의식을 강하게 하기 위하여 얼마간 어떤 것을 포기하거나 미루어 둘 수 있습니다.

영적인 생활에 집중하기 위해 내가 금해야 할 것은 무엇인가? 영적으로 자라는 데 시간을 들이거나 집중하는 데 방해가 되는 것은 무엇인가? 하나님께 의존하려면 무엇을 없애야 하는가? 다른 일에 소비하는 시간을 하나님께 드린다면 어떤 일이 일어날까?

13. 학습. 성경을 열린 마음으로 읽고, 또 성경이 나를 가르칠 수 있다는 믿음으로 읽으면, 성경의 능력이 우리 삶을 변화시킬 수 있습니다.

가르치시는 성령을 어떻게 정의할 수 있는가? 성경을 읽을 때 가르침을 방해하는 것은 무엇인가? 성경의 변화시키는 능력이 역사하게 하기 위해 성경에 대해 어떤 태도를 가져야 하는가?

14. 검소. 매일 매순간 검소한 삶을 선택할 때, 우리는 자기 삶에 순수함을 얻으며, 다른 사람을 위한 온전함을 가능하게 합니다.

다른 사람들의 삶을 낮게 하거나 다르게 하기 위해 나는 무엇을 절약할 수 있는가? 어떻게 내 주위를 검소하게 만들 수 있는가? 어떻게 나의 욕구와 소비를 검소하게 할 수 있는가? 다른 사람을 위해 온전하게 되기 위하여 나의 생활방식을 어떻게 바꿀 수 있는가? 어떤 계획을 세우고 지켜 나가야 하는가?

15. 관대. 우리가 가진 것이 하나님께서 주신 것이요, 하나님의 것이라는 사실을 깨달으면, 우리는 청지기로서의 시각을 갖게 되어 더 많이 사야 한다는 생각에서 자유로워지고, 다른 사람을 동정하는 마음으로 보살피는 삶을 선택할 수 있게 됩니다.

내가 가진 모든 것은 내 것이라는 태도에서 나는 하나님의 청지기라는 태도로 어떻게 바뀔 수 있는가? 소유물을 축적하는 이유는 무엇인가? 내가 구입하는 것 중에 얼마만큼이 나에게 필요한 것이고, 얼마만큼이 다른 이유들 때문인가? 다른 사람들을 동정하고 보살피기 위해 나의 돈을 사용한다면 무엇을 이룰 수 있는가? 자비롭고 보살피는 청지기로서 삶을 산다면 돈 사용의 우선순위는 어떻게 될까?

16. 예배. 우리가 기대하고, 고백하며, 사람들을 칭찬할 때, 하나님은 우리 가운데 거하시면서 용서하시고, 새롭게 하시며, 봉사하도록 힘주십니다.

교인들과 함께 예배를 드릴 때 어떤 기대를 가지고 나아가는가? 어떻게 하나님의 용서하심을 받아들이고, 나 자신을 용서할 수 있는가? 용서받았다는 느낌과 새롭게 태어났다는 느낌은 어떻게 나의 삶에 힘이 되는가?

17. 공부. 규칙적인 독서와 성경 공부, 그리고 새로운 통찰들을 통해 하나님은 우리를 변화시키십니다.

성경을 공부하기 위하여 시간을 내고, 적절한 방법과 도구를 사용하는 일에 얼마나 훈련되어 있는가? 성경 공부를 통하여 하나님이 나를 어떻게 변화시킬 것이라고 기대하는가?

18. 고독. 우리가 누구인지, 그리고 삶의 방향과 의미를 알기 위해서 하나님을 믿고 조용히 하나님과 함께 기다립니다.

한 인간으로서 나는 누구인지에 대하여 어떤 의문을 가지고 있는가? 하나님이 주시는 의미와 방향으로 나의 마음 문이 열렸는가? 하나님이 침묵 속에서 말씀하실 때 나는 어떻게 알 수 있는가? 기다리면서 무엇을 할 수 있는가?

19. 기도. 자기 자신이나 다른 사람들을 위해 기도할 때 영적 생활이 강화되고, 우리가 기도하는 그 사람들의 삶에 능력이 나타납니다.

나 자신과 남을 위한 기도를 어떻게 시작할 수 있는가? 하루 중 언제 기도할 것인가? 기도를 위한 훈련은 무엇인가? 어떻게 나의 기도가 반복이나 의례적이 되지 않게 할 수 있는가?

20. 고백. 자신의 죄와 불순종을 고백할 때, 우리는 내가 누구인지, 그리고 하나님의 은혜와 용서를 받는 자유로운 존재라는 사실을 알게 됩니다.

나는 내 죄를 어떻게 고백할 수 있는가? 특별한 죄를 고백하겠는가, 일반적인 죄를 고백하겠는가? 오늘 고백하고 내일 또 순종치 못한다면 어떠하겠는가? 나 자신을 자유롭게 하는 진정한 나의 모습은 어떤 것일까? 하나님의 은혜와 용서를 받아들이면 나는 어떻게 변화될까?

21. 봉사. 예수께서 주시는 권능을 받으면, 봉사의 생활양식을 선택하게 됩니다. 그래서 자신을 내어주며, 다른 이들의 요구에 응하게 됩니다.

봉사하는 생활양식에 대하여 나는 어떻게 생각하는가? 지금 나의 생활양식과 섬기는 삶의 자세는 어떻게 다른가? 봉사하는 생활양식의 저변에 깔려 있는 태도는 무엇인가? 다른 사람들의 필요에 부응하려면 내 삶의 방식 중에 무엇을 바꾸어야 할까?

22. 복종. 우리의 요구가 항상 조절되고, 우리 자신이 다른 사람들에게 쓰임받을 수 있게 합니다.

나의 요구가 조절된다면, 오늘 내 삶은 어떻게 달라질까? 다른 사람들을 어떻게 대할까? 나 자신에게 집중하지 않으면서 어떻게 유용하면서 동시에 유연한 사람으로 살아갈 수 있을까? 사람들이 나에게 요구하는 것과 내가 그들에게 대답하는 방법을 어떻게 바꿀 수 있는가?

23. 검소한 생활. 물질을 우리의 안전으로가 아니라 하나님께 받은 것으로 볼 때, 우리는 그것을 다른 사람을 위하여 즐겁게 쓸 것입니다.

내가 돈의 소유주가 아니라 하나님의 돈을 맡은 청지기라면 어떻게 다르게 쓰겠는가? 다른 사람들을 위하여 어떻게 책임 있게 쓸 수 있을까? 다른 사람들이란 누구인가? 다른 사람들을 위하여 돈을 사용하기 위한 최선의 방법으로 무엇을 선택하겠는가?

24. 기도. 하나님의 지속적인 존재를 인식하면, 우리는 끊임없이 기도하는 태도를 갖게 됩니다.

언제 하나님의 임재를 가장 잘 느낄 수 있는가? 하나님의 계속적인 임재를 느끼기 위해서는 어떤 태도나 행위가 있어야 하는가? 어떻게 하면 쉬지 않고 기도하는 법을 배워서 쉬지 않고 하나님께 들을 수 있을까?

25. 인도. 하나님은 성령으로, 그리고 성령에 충만한 개인이나 단체를 통하여 우리를 인도하십니다. 그러므로 마음 문을 열고, 그 인도하심에 깨어 있어야 합니다.

언제 성령의 인도하심을 느끼는가? 성령께서 다른 사람들이나 그룹들을 통해 역사하실 때가 있다는 것을 기억하는가? 성령에 의해 직접 인도되거나 다른 사람을 통하여 인도될 때 어떻게 알 수 있는가? 어떤 사람들이나 그룹, 또는 누구에게 지도를 받아야 하는가?

26. 봉사. 아무 조건 없이 타인을 위해 봉사하는 것은, 하나님이 우리에게 주신 선물을 돌려드리는 것과 같습니다.

남을 섬기려 할 때 위험을 각오해야 할 점은 무엇인가? 자격에 관계없이 다른 사람들에게 봉사하는 것을 주저하는 이유는 무엇인가? 대상과 방법을 가리지 않고 봉사하는 것이 가능할까? 언제, 어디서, 누가 부르든지 섬기는 종의 모습으로 응답하기 위해 내게 필요한 태도는 무엇인가?

27. 금식. 무언가를 결정하고, 방법을 찾고, 자유를 경험하기 위한 우리의 노력은 금식 중에 정진할 수 있습니다.

어떤 결정이나 방향 설정, 그리고 자유를 위해 내가 무엇을 버리거나 금식할 필요가 있는가? 결정을 내리거나 방향을 찾거나 자유를 경험하기 위하여 어떤 것을 비워야 하고, 어떤 것에 간격을 유지해야 하며, 집중해야 하는가? 더 큰 것을 얻기 위해 이번 주에는 무엇을 버려야 할까?

28. 찬양. 자기중심적인 존재에서 하나님 중심적인 존재로 옮겨가면, 우리의 삶은 걱정에서 기쁨으로 변합니다.

나 중심에서 하나님 중심으로 바뀌면 나의 하루가 어떻게 보일까? 어떻게 자기중심에서 하나님 중심으로 옮겨갈 수 있는가? 어떤 것이 자기중심의 삶을 근심스러운 삶으로 만드는가? 어떤 것이 하나님 중심의 삶을 기쁨으로 만드는가?

29. 관대함. 소유와 돈에 대한 집착을 버리면, 우리는 무엇이든 감사함으로 받고, 또 자유롭게, 기쁘게 줄 수 있습니다.

현재 소유하고 있는 것들이나 쓸 수 있는 돈에 대하여 나는 어떤 생각을 가지고 있는가? 나는 돈이나 소유를 가볍게 유지하고 있다고 생각하는가? 그 반대는 무엇인가? 돈이나 소유를 가볍게 유지하는 것과 줄 수 있는 것을 기쁘게 주는 태도는 어떤 관계가 있는가?

30. 봉사. 다른 사람과의 관계에서 종이 된다는 것은 타인의 이익을 바라는 삶이요, 다른 어느 것보다도 사람을 귀중하게 여기는 삶이며, 한순간도 남을 위해 봉사하지 않는 시간이 없는 가치 있는 삶을 말합니다.

가족 관계에서 섬기는 자가 되어 어떻게 행동할 때 다른 사람에게 고결함과 가치를 부여할 수 있을까? 어떻게 드러나지 않게 봉사할 수 있을까? 어떻게 하면 봉사에 감사와 기쁨이 함께할 수 있는가? 오늘 다른 사람들을 위하여 내가 할 수 있는 작은 일은 무엇일까?

31. 인도. 우리가 마음을 열고 구하고 받아들일 자세가 되었을 때, 우리는 성령의 인도를 받게 됩니다.

성령의 인도하심을 구하기 위해 나는 무엇을 할 수 있는가? 어떤 태도가 성령의 인도하심에 나를 열어 놓게 하는가? 성령의 인도하심을 따를 준비가 되어 있는가? 성령의 인도하심과 단지 마음이 기우는 것을 어떻게 구별할 수 있을까?

32. 헌신. 자기중심에서 벗어나 우리의 삶을 하나님께 바쳤을 때, 잠시이건 지속적이건, 점차 헌신하고자 하는 힘이 샘솟게 됩니다.

어떻게 하면 날마다 하나님께 내 삶을 내어놓는 방법을 배울 수 있을까? 하나님이 내 삶의 중심에 들어오시도록 무언가 내 삶에서 빼낼 것이 있는가? 어떻게 나의 삶을 하나님께 헌신하면서, 동시에 나의 가족과 지역사회와 교회와 생업을 위하여 살 수 있을까? 어떤 결정을 해야 나의 삶의 중심을 하나님께 내어드릴 수 있는가? 나의 헌신을 도울 수 있는 힘을 얻기 위하여 어떤 결정을 내려야 할까?

안식일

안식일에 대한 32개의 문단을 읽게 되면 안식일의 가르침과 우리의 삶에 질서와 쉼과 평화를 가져다주는 안식일의 힘을 느끼게 될 것이다. 그리고 안식일을 지키는 것이 큰 효과가 있음을 점차 깨닫게 될 것이다. 이해가 자라고 경험이 깊어질수록, 어떻게 안식일을 지킬 것인지에 대한 결단이 삶에 더 큰 영향을 미칠 것이다. 자기의 경험들을 나누게 하라. 그러나 안식일을 강조하지 않는 사람들을 당황하게 하거나 고립시키지 않게 주의하라.

1. 하나님은 세상을 창조하시고, 휴식을 위해 따로 안식일을 선언하셨습니다. 하나님께서 안식하셨습니다. 그러므로 우리도 안식하며 창조의 장관과 신비를 찬양합니다. 가능하면 밖으로 나가서 주위를 둘러보십시오. 창조세계를 모든 감각을 동원하여 느껴 보고, 나도 그 일부임을 기억하십시오. 나도 창조주이신 하나님께 속하여 있습니다. 시편 8편을 읽어 보십시오.

2. 안식일은 우리의 안전이 오직 하나님과의 관계에 있음을 가르칩니다. 안식일에 우리는 자신을 기억할 만한 기념비를 세우는 노력을 포기합니다. 우리의 투쟁이 중요하다는 것에 아랑곳하지 않습니다. 하나님을 진적으로 신뢰합니다. 마태복음 6장 25~34절 또는 전도서 3장 1~15절을 읽어 보십시오.

3. 안식일은 하나님이 우리 삶에 베푸신 것들을 위한 시간을 내는 것입니다. 남을 대접하는 것은 안식일의 가장 중요한 부분입니다. 손님과 함께 안식일 식사를 하는 것은 명예로운 일입니다. 요점은 외롭거나 도움이 필요한 자, 특별히 우리에게 갚지 못하는 사람들과 음식을 나누라는 것입니다. 이번 주 안식일은 도움이 필요한 이들과 나누십시오.

4. 안식일은 영적으로 내일을 준비할 수 있도록 도와줍니다. 안식일의 평화와 새로워진 시각을 다가오는 날들을 위하여 사용할 수 있습니다. 안식일에 우리는 과거를 매장하고, 어제를 하나님 손에 맡깁니다. 그리고 몇 시간 동안 우리의 몸과 마음과 영혼이 새로워지도록 놓아둡니다.

5. 안식일에는 가족이 서로 간의 애정이나 친근함, 그리고 평안을 경험할 수 있는 삶의 방법을 창조하는 능력이 있습니다. 우리 가족에게 기쁨과 즐거움을 주기 위하여 무엇을 할 수 있습니까? 가족 중에 만나야 할 사람이 있습니까? 가족과 함께, 그리고 한 사람 한 사람의 이름을 부르면서 기도하십시오.

6. 안식일은 우리를 분열과 무의미에서 온전함으로, 불화에서 화해로 이끌 수 있습니다. 화해해야 할 사람이 있는지 생각해 보십시오. 그 사람을 만나러 가서 어긋난 관계를 바로잡으십시오. 그리고 회개와 용서의 기도를 하십시오.

7. 안식일을 지키는 것은 우리를 얽매고 있는 시간의 굴레에서 벗어나게 합니다. 안식일에는 우리의 근심과 책임을 미룰 수 있습니다. 몇 시간 동안 일을 제쳐놓을 수 있습니다. 시계 없이 하루를 보내 보십시오. 인내와 기다림을 필요로 하는 일을 해 보십시오. 어린아이가 책을 읽는 것을 들어보십시오. 몇 분 동안 침묵하며 앉아 있어 보십시오.

8. 안식일에 우리는 창조주요 섭리하시는 하나님에 대한 우리의 믿음을 증거합니다. 나의 삶을 돌이켜보십시오. 하나님이 나의 길을 인도하시고, 장래를 준비하시며, 어려움을 뚫고 지나가게 하시고, 삶의 중요한 결정을 하게 하신 때와 상황들이 있었습니까? 하나님께 감사하십시오.

9. 안식일은 하나님과 사람, 동물, 그리고 땅이 쉴 수 있는 자유를 주는 데 목적이 있습니다. 안식일의 자유는 우리가 누구인지를 기억하고, 하나님의 모든 자녀의 존엄성을 주장하라는 부르심입니다. 나의 태도를 엄밀하게 관찰해 보십시오. 다른 사람의 자유를 억압하거나 누군가의 존엄성을 부인하지는 않습니까? 자유를 향한 부르짖음을 외면하는 강팍한 마음은 없습니까?

10. 안식일에 우리는 공동체로서 하나님의 임재를 훈련합니다. 하나님의 날, 하나님의 집, 신발을 벗는 특별한 시간, 주님의 날, 주님의 집, 주님의 말씀을 듣기에 좋은 시간입니다. 하나님이 나에게 말씀하고 계십니까? 봉사하라는 하나님의 말씀을 듣고 있습니까? 어떤 핑계를 대고 있습니까? 안식일은 묵상하고, 결단하고, 순종하는 시간입니다.

11. 안식일을 기억할 때, 우리는 하나의 이야기에 의해 창조되고 다듬어진 공동체임을 기억하게 됩니다. 구원의 오랜 역사와 나 자신의 믿음의 이야기를 잠잠히 생각해 보십시오. 자유를 얻었거나 믿음이 생긴 경험을 되살려 보십시오. 사람들과 사건들을 기억하십시오. 역사를 찬양하는 나만의 시편을 써 보십시오.

12. 거룩한 시간으로서의 안식일은 시간에 대한 우리의 생각을 근본적으로 바꾸어 줍니다. 그런 의미에서 다른 날들도 안식일로부

터 그 의미를 얻을 수 있습니다. 안식일은 한 주일의 중심에 있으며, 우리는 그것을 기다리고 준비합니다. 우리는 안식일이 주는 자유와 쉼, 그리고 그 의미와 방향에 의지합니다. 안식일을 더욱 의미 있게 하기 위하여 무엇을 해야겠습니까? 이 주간에는 그것을 행하십시오.

13. 하나님께서 쉼과 즐거움을 위하여 따로 정해 주신 날을 지키는 것은 다른 계명들을 지킬 수 있도록 우선순위를 회복시키는 첫 걸음입니다. 나 자신뿐 아니라 가족 전체가 쉴 수 있는 날을 계획하고 미리 준비하십시오. 다른 사람에게 요구하지 마십시오. 식당이나 휴게소 등 다른 사람의 노동력을 사용하는 곳을 피하십시오. 간소하게 생활하면서 즐기십시오.

14. 안식일은 불의를 가져오는 물질주의에 도전합니다. 하나님의 날에 대한 우리의 태도는 가난한 자나 배고픈 자, 적대자들에 대한 우리의 태도와 직접적으로 연결됩니다. 안식일은 우리에게 물건을 사고파는 일을 삼갈 것과 이미 가진 것들에 감사하고, 이것들에 조종 받지 않기를 요구합니다. 스스로를 새롭게 하는 것만이 쉬는 방법은 아닙니다. 어떻게 불의를 바로잡을 수 있을지 생각해 보십시오.

15. 안식일은 변화시키는 힘이 있습니다. 형제나 자매를 보는 눈이 달라집니다. 하나님과 모든 인간의 관계를 새로운 방법으로 바라보게 됩니다. 주변 사람 중에서 룻과 나오미를 찾아보십시오. 나그네를 잘 대접하십시오.

16. 우리는 혼자 안식일을 지키지 않습니다. 안식일에 우리는 공동체로서 거룩한 시간에 참여합니다. 성전(성막)에서 깨끗함을 받기를 기대하고, 속죄 제물을 존중하며, 기도의 향기를 올리고, 하나님의 율법을 듣습니다. 그리고 만방의 빛으로서 성전을 떠납니다.

17. 안식일은 예수 그리스도 안에서 특별한 방법으로 알려진 하나님과 인간 사이의 지속적인 언약을 환기시킵니다. 안식일이 사람을 위하여 있는 것이지 사람이 안식일을 위하여 있는 것이 아니라고 하신 예수님의 말씀을 상기하십시오.

18. 안식일이 주는 메시지는, 우리 모두는 소중한 존재들인데, 이는 우리의 업적 때문이 아니라 하나님께서 우리를 사랑하시기 때문이라는 것이다. 그렇다면 우리도 다른 사람들의 소중함을 알아야 하는데, 그들의 생산력이나 유용도 때문이 아니라 하나님에게 그들이 소중하기 때문입니다.

19. 성별된 날에 기도를 위한 시간을 마련하십시오. 기도 제목들과 위해서 기도할 사람들의 이름을 적으십시오. 내가 중요하지 않게 생각하는 사람들, 그리고 보다 큰 공동체와 세상을 위해 기도하십시오. 계속 사용할 수 있는 중보 기도문을 써 보십시오.

20. 안식일은 총체적 관점을 제공합니다. 복음을 들고 치유를 필요로 하는 세상으로 나아가는 모든 사람을 위해 기도하십시오. 복음을 위해 고난당하는 모든 사람을 위해 기도하십시오. 종종 큰 어려움을 당하는 선교사들을 위해 기도하십시오. 가족들과 문화로부터 단절되고 배척당하는 전 세계의 새 신자들을 위해 기도하십시오. 희생을 감수하는 기독교인들을 위해 기도하십시오. 자신을 위해 기도하되, 사람에게 거부되더라도 그리스도에게 진실할 수 있도록 기도하십시오.

21. 안식일은 정의와 사랑을 위한 우리의 작은 행동에 거룩함을 부여합니다. 옷장을 뒤져 보십시오. 옷이 필요한 사람 혹은 의복 나눔 센터에 갖다 줄 만한 옷이 있습니까? 식품 저장소를 살펴보십시오. 나눠 줄 여분의 음식이 있습니까? 만약 자녀가 있다면, 그들도 돕도록 하십시오. 매순간을 가르침에 이용하십시오.

22. 안식일은 우리를 에워싸고 있는 문화의 가치에서 하나님 나라의 가치로 우리를 부릅니다. 문화는 우선순위에 나 자신을 먼저 놓습니다. 하지만 하나님 나라는 다른 사람들을 첫 번째로 둡니다.

23. 안식일에 일을 멈추는 것은 우리가 무엇을 생산하고 소비하는지에 따라 우리 자신을 정의하려는 것이 아니라, 하나님의 형상 안에서 우리 자신을 보기 위해 자유로워지려는 것입니다. 우리는 경쟁하는 마음, 능률을 위한 시도, 성취하려는 노력을 포기합니다. 대신 휴식, 거룩, 평화, 자유라는 하나님의 선물을 받아들입니다.

24. 안식일은 균형 잡히고, 소망 넘치는 인생관을 제공합니다. 그것은 고통, 슬픔, 아픔을 부정하지 않습니다. 오히려 기쁨, 친교, 친밀, 갱신의 시간으로 그 아픔과 슬픔을 녹여 줍니다.

25. 안식일은 영적 휴식과 갱신을 위한 시간을 제공합니다. 우리는 성령을 위해 기도하며 기다리도록 배웠습니다. 나는 서두릅니까? 영적 갱신이 필요합니까? 이사야 40:28-31을 묵상하십시오. 마음에 성령이 머물도록 기도하십시오.

26. 안식일에는 시간을 내서 사람들을 찾아가십시오. 내가 격려할 수 있는 사람을 찾으십시오. 바나바가 되십시오. 신자가 되는 데 도움이 필요한 사람을 방문하고 그에게 전화하고 편지하십시오.

27. 안디옥 교회는 성령이 그들에게 선교사를 보내라고 명령했을 때 금식했습니다. 금식은 일종의 금욕으로 이해할 수 있습니다. 이번 안식일에 간소한 식사와 조용한 명상을 시도해 보십시오.

28. 안식일은 이번 주 우리의 태도와 활동들을 형성할 것입니다. 이번 안식일에는 '어떻게 하기' 보다는 '어떻게 되기'에 관심을 집중시켜 보십시오. 안식일의 '새롭게 하는 힘'이 나를 변화시키고 내 삶의 나날들을 변화시킬 수 있게 하십시오.

29. 안식일에 하나님을 향하여 나아가는 것이 얼마나 놀라운 일인지 생각해 보십시오. 우리는 정말 놀라운 은총으로 구원받았습니다.

30. 거의 모든 이들이 섬기고 있는 우리 사회의 작은 신들에 대하여 잠시 생각해 보십시오. 그들이 이야기하는 것은 무엇입니까? 그런 것들이 우리 삶을 어떻게 지배하고 있습니까? 안식일 하루 동안 일을 안 하고 쉬면, 우리는 기술과 과학에 종속된 사회로부터 자유를 얻을 수 있습니다.

31. 안식일은 세상이 이야기하는 성공이라는 단어와는 잘 맞지 않는 개념입니다. 나는 감옥에 있지 않습니다. 그러나 어떤 사람들은 감옥에 있습니다. 나는 재판 과정 중에 있지 않습니다. 그러나 어떤 사람들은 그러합니다. 나는 매 맞고 있지 않습니다. 그러나 어떤 사람들은 그러합니다. 의를 위해 핍박받는 온 세상의 기독교인들을 위하여 기도합시다.

32. 안식일은 하나님이 주님이심을 선포합니다. 또한 삶의 우선 순위를 정립하도록 요구하며, 우리를 둘러싼 세상과는 다른 가치관을 요구합니다.

지도자의 준비

- 배우는 자로서, 모임의 참여자로서, 그리고 지도자로서 준비한다.
- 과거에 배운 지식이나 익숙한 성경 구절에 너무 의존하지 않는다. 각 과에서 공부할 성경 구절들을 처음 대하는 자세로 읽는다.
- 매일, 매주 교재의 정해진 분량을 지키게 한다. 미뤘다가 한꺼번에 하거나 한 번에 교재 전체를 미리 해 버리는 것은 좋지 않다. 정해진 내용만을 해당 주간에 성실히 준비하게 한다. 또 그룹 진행도 그렇게 계획한다.
- 그룹 내에서 정보를 제공하는 자보다는 토의 과정을 진행하는 자로서의 역할을 한다. 권위자, 전문가로서의 위치에 서지 않게 주의한다. 가능하면 매주 좌석도 바꾸어 가며 앉는다.
- 정해진 시간 안에 정해진 내용을 골고루 다룰 수 있게 시간 안배에 유의한다.
- 전체 모임 시간에 특별한 활동을 해야 할 경우에는 모임 전체가 함께 하는 것이 효과적인지, 아니면 각자 하는 것이 효과적인지 미리 결정한다.
- 제시된 성경 본문이나 교재를 읽을 때마다 복습해야 할 내용과 그룹에서 다루어야 할 내용, 그리고 그 방법에 유의한다.
- 각 사람이 매일 기록한 내용들을 어떤 순서로 어떻게 발표하게 할 것인지를 결정한다. 다음은 그 한 예다.

1. 매일 제시된 성경 본문들과 기록한 내용들을 전체가 함께 이야기하든지 소그룹으로 나누어 이야기한다.
2. 성경을 읽고 교재를 준비하는 동안 생긴 의문점들을 제기하게 하고, 이를 한데 묶은 후 하나하나 대답한다.
3. 모아진 정보들을 조직적으로 잘 정리한다.
   도표를 만든다. 용어 해설표를 만든다.
   주요 인물들과 사건들을 나열한다.
   신학적인 개념들에 대해 같이 토의한다.
   성경과 삶을 연결시킨다.
4. 성경이 본래 의도했던 말로 본문을 설명한다.
- 대답하기 힘든 질문이나 대답 자체가 가능하지 않은 질문, 또 많은 신학적 이견이 있을 수 있는 질문이 나와 미리 준비한 방향으로 진행되지 않을 수도 있음을 예상하고 대비한다.
- 주어진 과제 이상으로 더 연구 조사한 사람이 있으면 발표할 수 있는 기회를 준다. 또 많은 사람들이 같은 주제를 연구 조사했다면 그룹 토의를 하든지, 한 사람이 발표한 후 거기에 추가로 덧붙이게 한다.
- 함께 큰 소리로 성경 구절들을 읽을 수 있는 기회를 만든다.
- 불분명한 내용을 분명하게 하거나 보충이나 추가 내용이 필요하면 주석, 지도, 사전 등을 사용하게 한다.

떡을 뗌과 손님 대접

하나님은 손님을 기쁘게 맞아 교제하면서 떡을 뗄 때 언제나 함께하신다. 성경 전체를 통하여 환대와 우정, 용서와 화해, 언약과 돌봄의 표시로 떡을 주고받았다. 떡은 생명과 온전함을 의미한다. 구운 떡을 나누는 것은 창세기와 출애굽기, 누가복음과 사도행전에서 반복해서 나타난다.

전체 모임 시에 종종 나눌 떡이 필요한 경우가 있을 것이다. 32과에 나오는 성찬 예식을 위해 빵을 굽는 것을 계획할 수도 있다. 충분하게 시간을 잡아 만들고, 그것을 성찬식에 사용할 수 있게 계획하라. 만드는 과정에 모든 사람이 골고루 참여할 수 있게 하는 것이 가장 이상적이다. 오븐이 가까운 곳에 있어 빵 굽는 냄새를 맡을 수 있으면 모든 경험이 강화될 수 있을 것이다.

전체 모임 시간 내에 굽는 과정을 끝마칠 수 있는 단순하고 쉬운 방법을 선택하는 것이 좋다. 다음은 그 한 예이며, 지도자가 개인적으로 미리 한 번 해 보는 것이 바람직하다.

재료 : 밀가루 3컵,
　　　따뜻한 물 1컵,
　　　이스트 4g,
　　　설탕 1Ts,
　　　소금 1ts

- 물과 이스트를 섞어 3분간 놓아둔다.
- 밀가루 두 컵에 소금, 설탕을 넣고 반죽한다.
- 밀가루를 조금씩 더 넣으면서 5분 동안 더 반죽한다.
- 기름을 바른 뚜껑 있는 그릇에 넣고 두 배 정도 부풀린다.(45분 정도)
- 적당한 크기와 모양으로 잘 만들어 팬에 올린다.
- 두 배 정도로 부풀려질 때까지 놓아두었다가 425도에 20분간 굽는다.

만남의 장소와 준비

전체 모임을 위한 장소를 선택하고 준비하는 데 다음과 같은 것들을 고려하라.

- 모두가 쉽게 모일 수 있는 곳
- 방해를 받지 않는 곳
- 그룹 활동을 위해 전체가 함께 앉고 설 수 있는 곳
- 책과 필기도구들을 펼쳐 놓을 수 있는 탁자를 비롯하여 적절하고 편리한 가구들이 준비되어 있는 곳
- 냉/난방이 잘 되는 곳
- 칠판이나 지도, 다른 학습 보조물을 놓기에 적당한 공간이 있는 곳

친목의 기회

교제와 신뢰, 보살핌은 전체 모임 시간 외에 때로는 개인적으로 알게 될 때 깊어진다.

- 공부하는 과정에서 두세 번 마음 편하게 방문하고, 놀고, 같이 식사할 수 있는 기회를 마련하라.
- 함께 공부하는 이들의 특별한 날(생일, 기념일 등)이나 사건을 축하하라.
- 이러한 모임의 중요성은 휴식 시간을 함께함으로써 서로를 더 잘 알게 하는 것이다. 검소하고 자유롭게 함께하라.

치하의 표시

〈제자: 말씀 속으로 세상 속으로〉의 과정을 끝낸 사람들과 지도자를 전 교인이 치하하고, 축하하는 기회를 만드는 것이 좋다. 주일 예배나 저녁 예배 시간을 이용하면 좋겠다.

- 임원회나 교회의 대표되는 사람들을 초청해서 공부하고 사역에 헌신한 사람들에게 감사를 표현하게 하라.
- 이 과정에 참여하면서 얻은 경험들을 서로 나누라.
- 다음에는 무엇을 하려고 결심했는지를 이야기하는 시간이 필요하다.
- 다시 비슷한 모임을 계속하려고 하는 사람들을 위해 기도하라.
- 과정을 끝마친 이들에게 치하하는 증서를 수여하라.

그룹강화와 유지를 위하여

좋은 그룹을 위한 분위기

따뜻하고, 서로 신뢰하고, 의욕적이며, 서로 참고, 마음의 문을 열며, 서로 돌보고 용인하며, 세심하고 유머가 있으며, 마음을 터놓고 이야기할 수 있는 분위기가 공부하기에 좋다.

개인과 그룹이 동시에 존경을 받는 분위기를 만들어야 한다. 다른 이들의 느낌과 생각을 경청하고, 자신의 생각과 느낌을 솔직하게 표현할 수 있게 편하고 자유로운 모임이 되게 이끈다.

대화 참여가 저조한 사람을 위하여

• 말을 하지 않고도 다른 방법으로 그룹 활동에 참여할 수 있으며, 어떤 특정한 질문에 반드시 대답을 해야 할 필요는 없음을 인정하고 받아들인다.

• 크든 작든 모든 공헌은 가치가 있다는 사실을 강조한다. 말하기를 주저하는 이유는 잘못 대답하여 조롱의 대상이 될까 두려워하기 때문일 수도 있다. 때로는 할 이야기가 없을 수도, 또 어떤 경우에는 감동을 줄 만한 이야기를 생각해 내지 못할 수도 있다.

• 평소에 별로 말이 없던 사람이 대화 참여를 시도할 때 지도자는 특히 민감해야 한다. 지도자의 격려가 필요한 것이다. 표정이나 몸짓을 세심히 지켜보며, 특히 직접 질문을 던져 당황하는 일이 없게 조심한다. "말하고 싶은 것이 있는 모양인데……."라는 식의 자연스러운 초대로 대화 참여를 이끈다.

• 소그룹 토의와 활동을 계획한다. 많은 사람 앞에서는 말하기를 주저하던 사람도 소그룹은 편안하게 느껴 활발히 참여할 수도 있기 때문이다. 처음에는 말수가 적은 사람들끼리 한 그룹을 만들어 주되, 점차 대화를 주도하는 사람들과 자연스럽게 섞일 수 있게 기회를 제공한다.

대화를 독차지하는 사람을 위하여

한두 사람이 대화 전체를 독차지하는 것은 결코 바람직한 일이 아니다. 이 문제를 해결하기 위해서는 재치가 있어야 하고, 또 신경을 많이 써야 한다.

• 사람들이 행동이나 언어로 무엇을 말하고 있는지 빨리 알아차리는 것이 중요하다.

• 표정이나 몸짓, 음성이나 말로 대화를 독차지하는 사람에게 태도를 분명히 한다.

• 그 사람이 말한 내용을 요약하여 설명하여 준 후, 다른 사람들이 그 내용을 보완할 수 있게 진행한다.

• 소그룹으로 활동하든지, 말할 수 있는 기회를 모든 사람에게

골고루 줌으로써 한 사람이 대화를 독차지하는 것을 방지할 수 있다. 그룹 강화와 유지를 위하여 처음 모임에서 앞으로 지킬 기본 원칙들을 같이 이야기해도 좋다. 다양한 방식으로 그룹 활동에 참여할 수 있게 서로 격려하고, 이 과정을 마칠 때까지 어떤 노력들을 하면 좋을지 함께 의견을 나눈다.

의견 충돌을 해결하기 위하여

건전한 그룹 분위기는 자기와 다른 의견들을 얼마나 존중하고, 또 어떻게 받아들이느냐에 달려 있다. 또한 자기 자신만의 의견을 세우고 발전시킬 수 있게 북돋워 주는 것도 대단히 중요하다. 더 나아가 다른 사람들, 혹은 지도자와 의견이 다르더라도 서로간의 신뢰와 존중이 무너지지 않게 함께 노력해야 한다.

다른 사람들과 개인적으로 의견 충돌이 없는 지도자가 그룹 내의 신뢰와 인정, 존중의 분위기를 빨리 만들 수 있다. 의견 대립이 생겼을 때에는 최대한 자연스럽게, 그리고 발전적인 결과가 도출될 수 있는 방향으로 잘 이끌어 간다.

• 각 과의 방향을 그대로 잘 유지한다.

• 결코 논쟁자 개개인이 아니라 논제에 초점을 두고 의견을 나누게 돕는다.

• 대화 사이사이에 적절한 때를 찾아 논점을 종합하고, 의견 차이와 일치를 명확하게 짚어 준다.

• 논쟁의 초점을 벗어나지 않게 계속해서 신경을 쓴다.

• 논점이 되는 내용을 성경 사전이나 주석을 참고하여 더 연구 조사해 보게 한다.

• 의견을 반드시 일치시킬 필요는 없다. 가능하지 않다는 판단이 설 때는 차이 그 자체를 인정하게 한다.

• 만약 논쟁 내용이 다른 이들에게는 적합하지 않은 것이라면 모임이 끝난 후에 당사자들끼리 이야기하게 한다.

• 모임을 계획한 대로 진행하기 위해 언제, 어떻게 토의를 중단시킬 것인지 항상 생각한다.

• 토의가 활발하고 좋은 의견들이 많이 개진될 때에는 칭찬해 준다.

• 토의를 하는 동안이나 끝난 후에도 다른 이들을 돌보고 인정하며 받아들이는 모습을 먼저 보여 준다.

건설적인 토의를 위하여

개인의 편견에 가까운 의견, 상투적이고 추상적인 대답으로 진행되는 토의는 지도자뿐 아니라 모두가 서로 조심해야 한다. 건설적인 토의는 목적과 훈련을 겸비한다.

질문을 준비할 때
질문을 통해 성취하고자 하는 것이 무엇인지 분명히 한다.
- 질문은 생각을 시작할 수 있게 돕는다.
- 질문은 새로운 통찰력과 지식에 마음의 문을 열게 한다.
- 질문은 생각과 이해와 가정을 점검할 수 있게 한다.
- 질문은 종종 주제를 더 깊이 규명할 수 있는 기회를 준다.

질문의 목적이 무엇이냐에 따라 질문 방법이 달라진다. 그러므로 질문의 의도가 무엇인지 분명히 숙지하고 염두에 두어야 한다.
- 만약 질문의 의도가 어떤 정보를 얻게 하는 것이라면 사실과 정황을 묻거나 생각나게 하는 질문이나 특정한 정답이 있는 질문을 던진다.
- 자료를 수집하는 것이 목적이라면 주어진 자료들을 스스로 정리하고, 서로 비교 · 대조 할수 있게 질문한다.
- 어떤 상황이나 행동을 분석하기 위한 것이라면 그것을 설명하게 하거나 그와 관련된 이유를 말하게 질문한다.
- 어떤 결론을 내리는 것이라면 요약 · 정리를 하게 질문하고, 상호 관계와 전에 관련되어 있지 않던 부분까지도 관련지어 말하게 이끈다.
- 비평과 평가가 목적이라면 특별한 기준에 따라 어떤 것이 최상의 선택인지 언급하게 질문한다.
- 어떤 결과와 상황에 대해 더 깊이 생각하게 돕기 위한 것이라면 상상력과 모든 가능성을 총동원할 수 있게 질문한다.

지도자는 자기가 던지는 질문이 어떤 종류인지를 확실히 알고 있어야 하며, 질문의 이유를 모두에게 알려 준다.

질문을 준비할 때, 다음 사실을 염두에 둔다.
- '예'와 '아니오'로 답하게 되는 질문은 토의를 단절시킨다.
- 대답이 너무 자명한 질문이나 그와는 반대로 대답을 할 수 없는 질문, 지나친 논쟁을 야기하거나 너무 막연한 대답을 초래하는 질문은 좋지 않다.
- 좋은 질문은 정보와 감정과 경험을 골고루 아우른다.
- 간단명료하며 한 가지에 초점을 맞추는 것이 제일 좋은 질문이다.

- 어떤 한계를 제시하면서도 규정화된 정답이 없는 질문, 구체적이면서도 자유로이 자기 생각을 말할 수 있는 질문이 좋다.
- 좋은 질문은 일반적으로 이전에 준비하고 공부한 내용을 생각나게 하며, 더 깊은 연구로 이끌어 간다.
- '언제, 누가, 어디서, 무엇을, 왜, 어떻게'는 실제와 관련된 질문을 위한 열쇠다.
- 토의를 위한 질문을 던지기 전에 스스로 그 질문에 대답해 보는 것이 꼭 필요하다.

토의를 진행할 때
- 토의를 위한 질문을 제시한다. 토의 내용과 토의하는 이유를 모두에게 정확히 알려 준다.
- 토의가 어떻게 전개되어야 하는지에 대한 나름의 생각이 필요하다.
- 생각할 수 있는 여유를 준다. 침묵을 두려워하면 안 된다. 침묵은 가치가 없는 것이 아니다. 침묵은 생각할 수 있는 기회를 제공한다. 질문을 너무 성급하게 되풀이하지 않는다. 잘 준비된 질문은 궁극적으로 대답을 불러오기 마련이다. 일단 질문을 던졌으면 끈기 있게 기다린다. 섣불리 지도자가 먼저 자신의 생각이나 대답을 드러내지 않게 주의한다. 이는 다른 이들의 대답을 막는 일일 뿐 아니라 이것이 습관이 되면 지도자의 답에 의존하려 하기 때문이다.
- 듣는다. 말과 감정을 세밀하게 포착하여 그 안에 숨은 뜻을 알아차리는 것이 중요하다. 듣는다는 것은 말하는 사람의 요지를 알아차릴 뿐만 아니라 실제로 그 내용을 듣는 것을 포함한다. 말한 내용을 어떤 평가나 비평 없이 가끔 요약해 준다.
- 시선을 마주친다든지 머리를 끄덕인다든지 한두 마디를 덧붙임으로써 듣고 있음을 표현한다.
- 자신이 어떻게 대답할 것인지를 생각하는 순간 다른 이의 말을 흘려듣고 있음을 기억한다.
- 오류가 있지 않는 한 이야기하고 있는 사람의 의견에 동의한다든지 반대한다든지 등의 언급을 피한다.
- 사람을 용납하는 것과 그의 생각이나 해석, 태도를 용납하는 것은 별개의 문제다.
- 한 사람이 대화를 독차지하는 것을 막기 위해 모든 사람이 골고루 공헌할 수 있게 하는 방안을 생각해 본다.
- 순간순간 나오는 질문들 때문에 처음 정한 방향에서 이탈하는 일이 없게 토의의 진행 방향을 잘 읽어 나간다.

모세오경 통독표

유대 회중은 이미 정해져 있는 연중 주기표에 따라 토라 전체를 읽는다. 모세오경을 54부분으로 나누어 안식일마다 큰 소리로 낭독한다. 유대인들의 어떤 축제는 음력 달력을 기준으로 하기에 어떤 안식일에는 두 부분을 읽음으로써 1년에 1회 통독을 한다.

연중 주기표의 마지막에는 '심하스 토라(Simhath Torah, 토라를 즐거워하라)' 라고 부르는 숙곳제(부림절 또는 장막절)의 마지막 날에 읽기를 끝마침으로 축하한다. '심하스 토라' 를 제외하고는 모두 안식일에 읽는다. 이 연중 주기표는 숙곳제(거의 모든 달력이 숙곳을 표시한다.)가 끝난 후 다음 안식일에 다시 시작되며, 다음 해 숙곳제의 마지막 날에 끝나게 된다.

〈제자: 말씀 속으로 세상 속으로〉에 참여한 사람들은 토라의 창세기 부분과 출애굽기 부분을 집중적으로 공부했기 때문에 이 주기표에 따라 토라 읽기를 즐길 것이다. 다음에 나열된 것이 54개로 구분된 토라의 부분들이다. 1년에 한 번 읽기를 원한다면 매주 한 부분씩 읽어야 한다.

원하는 사람들에게 이 주기표를 나눠 주고, 토라 읽기는 자발적인 것으로, 〈제자: 말씀 속으로 세상 속으로〉 과정을 위한 성경 읽기 과제와는 관계가 없음을 이해시킨다.

창세기
1:1－6:8
6:9－11:32
12:1－17:27
18:1－22:24
23:1－25:18
25:19－28:9
28:10－32:3
32:4－36:43
37:1－40:23
41:1－44:17
44:18－47:27
47:28－50:26

출애굽기
1:1－6:1
6:2－9:35
10:1－13:16
13:17－17:16
18:1－20:23
21:1－24:18
25:1－27:19

27:20－30:10
30:11－34:35
35:1－38:20
38:21－40:38

레위기
1:1－5:26
6:1－8:36
9:1－11:47
12:1－13:59
14:1－15:33
16:1－18:30
19:1－20:27
21:1－24:23
25:1－26:2
26:3－27:34

민수기
1:1－4:20
4:21－7:89
8:1－12:16
13:1－15:41
16:1－18:32
19:1－22:1
22:2－25:9
25:10－30:1
30:2－32:42
33:1－36:13

신명기
1:1－3:22
3:23－7:11
7:12－11:25
11:26－16:17
16:18－21:9
21:10－25:19
26:1－29:8
29:9－30:20
31:1－30
32:1－52
33:1－34:12

구약 성경 연구

01 | 말씀하시는 하나님

■ 시작 기도(5분)

도착한 사람들만이라도 시작하라. 학생 교재에 제시된 주제와 요절, 그리고 '내려놓기(기도)'를 이용하라. 기도 제목을 받고, 어떻게 한 주간을 지냈는지를 나누라.

■ 이끄는 이야기(20~25분)

〈주 - 영문판 교재에는 매주 도입 부분에서 비디오를 시청하게 되어 있다. 영어 이해가 가능한 그룹은 콕스베리(Cokesbury) 출판사를 통해 비디오를 구입하여 시청할 수 있다. 그렇지 않은 그룹은 여기에 번역하여 옮긴 비디오 내용을 지도자가 자세히 읽고 요약해 줌으로써 토의를 시작할 수 있다.

이와 관련해 지도자용 교재는

• 비디오 시청을 준비하는 방법을 제시한다.
• 주요 내용을 요약하여 준다.
• 시청한 것에 대해 묻고 답할 수 있는 방법을 제시한다.

들으면서 내용을 요약, 기록하게 한다.

지도자는 비디오를 사전에 시청하고, 비디오와 성경, 교재 내용을 연결할 수 있는 몇 가지 질문들을 준비하라.〉

준비

세 가지 강조점, 즉 (1) 구약성경의 구조 (2) 토라의 의미와 내용, 목적 (3) 안식일의 의미와 중요성에 유의하라.

구약성경은 기독교인들이 이해하기 쉽게 되어 있지는 않다. 그러나 구약의 구조를 이해하는 것은 중요하다. 구약 학자인 클라우스 웨스터만(Claus Westermann)은 구약성경은 마치 3층짜리 결혼 케이크와 같다고 한다. 맨 아래층에는 토라가, 중간에는 예언서가, 그리고 맨 위층에는 성문서가 있다. 즉 토라는 다른 구약 전승의 기초가 되며, 예언서와 성문서는 이 기초 위에 있다. 결과적으로 구약을 깊게 공부하려면 토라에서 시작해야 한다.

기독교의 전승에서 율법이라고 불리는 토라는 실제로는 교훈 또는 가르침을 의미하며, 창세기에서 신명기에 이르는 5권의 구약성경을 말한다. 대부분의 내용은 기사와 단편 이야기들, 그리고 율법들과 족보 등이다. 소설가인 솔렘 애쉬(Sholem Asch)의 말대로 유대의 랍비들은 가르치는 데 두 가지의 방법을 사용하였는데, 하나는 상상력을 사용할 수 있는 사람들에게, 다른 하나는 그렇지 못한 사람에게 적용하였다. 후자의 경우는 규례만을 나열하고, 전자의 경우에는 이야기를 이용하였다. 예를 들어, 공관복음에서 예수님은 군중에게 이야기가 아니면 말씀하지 않으셨다. 이 점에서 예수님은 충분히 랍비전승에 서 계시다.

토라가 만약 가르침이나 교훈이라면 무엇을 가르친다는 것인가? 기본적으로 토라는 히브리인들의 하나님에 대한 이해와 경험, 하나님의 구원 능력, 하나님의 신실하심, 하나님의 은혜, 그리고 하나님의 백성에 대한 하나님의 뜻을 증거하고 있다. 우리가 읽는 창세기와 출애굽기에서는 하나님의 백성인 이스라엘과 그들을 통한 온 세상을 위한 공약에 대하여 거듭 증거한다.

인간이 어떻게 자신들만 남게 되었는지를 설명한 후에 토라는 바로 아브람의 후손들의 선택과 하나님이 그들과 맺은 특별한 관계에 시선을 집중한다. 하나님의 궁극적인 목적은 감추어져 있고, 대부분 신비에 싸여 있긴 하지만, 온 인류에 대한 축복은 처음에 아브람을 부르시는 것과 요셉 이야기에서 생명을 구원하신 것과 관계가 있다. 모든 이야기가 현실적이고 정직하거나 그대로 행해졌다기보다는, 토라는 은혜롭고 신실하신 구세주에 대한 찬가라고 할 수 있다.

하나님이 조상들과 시내/호렙 지역의 나라와 세우신 관계는 보통 언약이라고 기술된다. 창세기 15장을 보면 언약은 일방적인 것 같지만, 창세기 17장에 기록된 것처럼 언약은 쌍방적이다. 전자의 경우 그 관계는 전체적으로 하나님의 실행에 달려 있다. 후자의 경우에는 어느 정도 인간의 행위에 달려 있다. 그러나 어느 경우든지 그 관계는 하나님이 시작하신 것이며, 무슨 공로가 있어서 선택된 것이 아니라 하나님의 은혜로운 선택에 의한 것이며, 그들의 성실함에 의하여 유지되는 것이 아니라 하나님의 구원 목적을 완성하기 위한 것이다.

전체 기사는 적절하게도 어두움을 쫓아내고, 혼란을 몰아내며, 질서와 생명을 가져오는 하나님의 말씀의 창조 능력에 의해 시작된다. 이 기사의 정점이 인간의 창조에 있는지, 아니면 안식일의 축복에 있는지에 대하여는 학자들 간에도 논쟁이 되고 있다. 어떤 것을 선택하든 아니면 아예 선택을 안 하든, 이 두 가지 주제의 신학적인 의미는 매우 중요하다. 전자의 경우는 인간의 권위와 하나님의 창조물에 대한 책임을 말한다.

후자의 경우에 하나님은 인간에게 안식일을 주셨고, 일곱째 날에 하나님 스스로 안식하신 것을 본받으라고 초대하셨다. 출애굽기나 다른 토라의 율법들은 안식이 무엇인지를 정의하였고, 안식일의 상징적인 중요성에 대하여 말하고 있다. 그러나 본질적으로 안식일을 지키는 것은 두 가지 중요성을 가진다.

첫째로 이는 우리가 스스로 존재하는 것이 아니라 종속된 창조물로서, 우리가 살고 있는 세계와 우리의 삶은 책임 있게 살아야 할 하나님의 선물이라는 것을 상기시킨다. 둘째로 신명기의 전승에서 보면, 히브리인들은 그들이 누구에게 속하여 있는가 - 전에 이집트 땅에서 노예로 살았고, 하나님의 자비로 해방된 - 를 기

념하는 행위로써 안식일을 지키라는 권유를 받았다.(William Power)

요약

토라는 예언서와 성문서의 기본이 되었다.

토라는 가르침 혹은 교훈을 의미한다.

토라는 아브람의 자손에 대한 선택과 그들과 맺은 관계의 특성과 목적에 관심을 두고 있다.

인간에게는 하나님의 창조물에 대한 권위와 책임이 있다.

하나님은 인간에게 안식일을 허락하셨고, 자신을 본받아서 한 주간의 일곱째 날에 쉬기를 원하신다.

대화

토라가 구약성경과 어떻게 조화를 이루고 있으며 어떤 기능을 하는가? 토라가 가르치는 안식일의 두 가지 중요성은 무엇인가?

■ 성경과 교재(50분)

다섯 그룹으로 나누어 모세오경 각 책의 제목들과 내용을 훑어보아 각 책의 강조점이 무엇인지를 알게 하라. 토라가 무엇인지 말하게 하라. 순서대로 다섯 권의 책에 대하여 나누게 하라. 자세한 사항보다는 각 책의 주요 강조점이 무엇인지를 확인하라.

한 주간 성경을 읽으며 기록한 것을 중심으로 창조주, 창조, 토라에 대한 느낌을 나누라. 그 안에서 가능한 사역을 발견하고 발표하게 하라.

학생 교재 내용 중 한 구절, "다른 사람들을 만남으로 나는 하나님이 누구신지를 기억합니다."를 중심으로 인간이 하나님의 형상을 가졌다는 개념이 무엇인지 토의하라. 두 그룹으로 나누어 한 그룹은 이 인용문을 반복하고, 다른 그룹은 이런 사람들의 범주를 하나씩 제시하라. 첫 번째 그룹에게 인용문을 다시 읽게 하라. 이 과정을 두 번 반복하라. 그 느낌에 대하여 이야기하고, "그렇다면 하나님은 어떤 분인가?"라는 질문에 대하여 토의하라.

■ 휴식(10분)

■ 말씀과의 만남(25분)

시편 104편

본문을 큰 소리로 읽으라. 세 그룹으로 나누어 시편을 연구하라. 첫째 그룹은 우리를 불쌍히 여기시는 하나님의 증거를 찾으라. 둘째 그룹은 창조에 담긴 하나님의 뜻을 찾으라. 셋째 그룹은 하나님의 창조에서 질서의 표적을 찾으라. 그리고 다시 각각 다른

과제를 맡은 사람끼리 세 그룹을 형성하여 찾은 것을 나누라. 각자 창조주 하나님에 대하여 한마디로 말해 보라.

■ 세상 속으로(20분)

'우리의 모습'을 크게 읽으라. 두 명씩 짝을 이루어 학생 교재에 나오는 질문에 대답하라. 두 그룹씩 묶어서 지금 토론한 환경에 관한 문제와 '우리의 모습'의 관계에 관해 토의하라.

이번 주간에 행할 사역을 구체화할 하나님의 말씀에서 얻은 메시지를 읽고, 각자의 응답을 이야기하라.

■ 마침 기도(10분)

• 학생 교재 2과에 모두의 기도 제목을 적으라.

• 영성 훈련을 위한 질문들을 주라.

나 자신에게, 또는 남에게 고백해야 할 가식적인 면이 있는가? 어떻게 하나님께 고백하고, 하나님의 용서를 받을 수 있는가?

• 마침 기도를 하라.

02 | 교만한 자들을 흩으시는 하나님

■ **시작 기도(5분)**

■ **이끄는 이야기(20~25분)**

준비
인간이 하나님 없이 살려고 할 때 그 결과에 주목하라.

바벨탑 이야기는 창세기에 기록된 족장 이전의 기사로 불행한 결론을 맺는다. '그가 창조하신 것을 보고 좋았더라.' 하신 하나님의 말씀대로 처음에 거창하고 웅장하게 절정에 올랐던 모든 것이 슬프고 실망스런 상태가 되어 버렸다. 스스로 하늘에 닿기까지 진흙 벽돌을 쌓아 올리고, 자기의 이름을 내고, 자신들의 안정을 꾀하던 인간들은 쓸쓸하게 되었고, 고립되었으며, 서로 대화를 나눌 수 없게 되었다. 바벨탑 이야기는 하나님 없이 자기 스스로 존재의 의미를 찾아야 하는 인간들의 투쟁이 가져온 결과에 대한 흥미 있고 의미심장한 은유이기도 하다. 그 결과는 무엇인가? 너무나 커다란 손실을 가져왔다. 이름과 안정 모두 잃어버리게 되었다.

무슨 말을 하는지 전혀 이해할 수 없고, 누구도 당신이 말한 것을 이해하지 못하는 장소에 가 본 적이 있는가? 한번 경험해 볼 가치가 있다. 당황스럽고, 절망하는, 놀라운 경험이 될 것이다.

많은 면에서 바벨탑 이야기는 창세기 3장에서 뱀의 유혹을 받아 선악과를 먹고 하나님과 같이 되려고 했던 이야기와 흡사하다. 비록 이 이야기에서 미리 경고를 받기는 했지만 말이다. 그러나 하나님 없이 자신의 길로 가려는 유혹에는 저항할 수 없었다. 그들은 선악과를 먹었고 그 결과는 마찬가지로 절망하고, 당황스럽고, 놀라운 것이었다. 이는 하나님의 질문에 대하여, '내가 주의 소리를 듣고 벗었으므로 두려워하여 숨었나이다' 라는 대답에서 확실해진다.

두 이야기의 원인과 결과는 같다. 인간은 그를 지으신 하나님의 뜻을 떠나 외로운 길을 선택했다. 그들은 자신들과 자신들의 선택을 신뢰하기로 결정하였다. 그들의 희망은 컸고 모든 것이 가능한 것처럼 보였으나, 결과는 혼란스럽고 비참하였다. 창세기 11장에서 하나님이 역사하실 때가 되었고, 하나님은 아브람과 사래를 선택하기로 하셨다. 그들이 선택되기 전 본문은 그들에 대하여 간단하고 놀라운 소개를 하고 있다. 그들은 결국 만방의 조상이 될 것이다. 그리고 소개를 받을 뿐만 아니라 족보를 보게 된다. 성경의 저자는 신약과 구약을 막론하고 족보에 관심이 많았다. 아마도 그들은 어디에서 시작되었는가와 어디에 와 있는가에 대하여 관심이 많았을 것이다. 이러한 기원에 대하여 성경은 과장하지 않는

다. 그들은 비천한 기원을 가지고 있다. 이 경우에 아브람과 사래는 셈을 통하여 일찍이 하나님과 언약을 맺은 노아까지 거슬러 올라간다. 이 족보에서 놀라운 것은 그들의 족보가 노아까지 거슬러 올라간다는 것이 아니라, 아브람과 사래에 대하여는 거의 언급하지 않았다는 것이다. 즉 그들은 보통 사람들과 별로 다름이 없었다. 사실 사래가 아이를 낳지 못하는 여자라는 것을 감안한다면 선택받기에 더 어려운 조건이었다.

무슨 선택이 이러한가? 만약 하나님이 모든 인간들과 관계를 맺기 위하여 패러다임으로 한 나라와의 관계를 확립하려 했다면, 왜 이들을 선택하셨는가? 이들은 다른 사람보다 더 어려운 상황에 있는 사람들이었다. 그들은 너무 늙었을 뿐만 아니라 그들 스스로 부르심에 합당한 일을 감당할 수 없는 사람들이었다. 그러나 바로 그것이 중요한 점이다. 후에 바울은 고린도 사람들에게 이렇게 쓰고 있다. "그러나 하나님께서 세상의 미련한 것들을 택하사 지혜 있는 자들을 부끄럽게 하려 하시고 세상의 약한 것들을 택하사 강한 것들을 부끄럽게 하려 하시며 하나님께서 세상의 천한 것들과 멸시 받는 것들과 없는 것들을 택하사 있는 것들을 폐하려 하시나니 이는 아무 육체도 하나님 앞에서 자랑하지 못하게 하려 하심이라."(고전 1:27~29)

겉으로 보기에는 별 볼일 없었던 아브람과 사래의 선택은 성경 전체를 관통하여 흐르는 주제의 시작이 되었다. 이는 야곱, 요셉, 모세, 다윗, 마리아, 그리고 예수님 주위의 수많은 사람들의 선택에서도 드러난다. 성경은 바로잡고, 깨어진 조각들을 다시 세우며, 대화의 장애물을 제거하여, 누가복음과 사도행전의 저자가 말하는 것처럼 바대인이나 메대인이나 엘람인이나 메소포타미아인이나 그레데인이나 아라비아인들이 하나님의 놀라우신 역사에 대하여 자신의 언어로 들을 수 있게 하려는 하나님의 시도에 대하여 이야기한다.(William Power)

요약
바벨탑 이야기는 인간이 스스로의 의미를 찾기 위해 노력하는 것에 대한 결과를 보여 주고 있다.

인간은 자기 자신과 자신이 선택한 것을 신뢰한다.

하나님은 아브람과 사래를 선택하셨다.

사래는 아이를 가질 수가 없었다.

아브람과 사래의 선택은 성경 전체를 관통하여 흐르는 주제의 시작이 되었다.

성경은, 하나님께서 깨진 것들을 재조립하기를 원하시고, 대화에 방해가 되는 방해물들을 무너뜨리신다고 말한다.

대화

왜 사람들은 하나님 없이 의미를 찾으려고 하는가? 그 결과는 무엇인가? 하나님이 보통 사람들을 선택하셔서 하나님의 목적을 수행하신다는 것은 나에게 무엇을 의미하는가? 창세기 11장 1~9절과 사도행전 2장 5~12절을 큰 소리로 읽으라. 이것은 무엇을 의미하는가?

■ 성경과 교재(50분)

이 과의 강조점은 교만과 단절과 언약이다. 교만은 첫 번째 계명의 위반이다. 어떤 의미에서 교만이 첫 번째 계명을 어긴 것이라고 생각하는가? 학생 교재 '말씀 속으로 – 교만의 예들' 에 있는 질문에 답해 보라.

탑을 쌓은 자들이나 아담과 하와, 가인과 아벨, 노아와 홍수에 모든 인간성이 반영되어 있다. 네 그룹으로 나누어 각각의 이야기에 대해 생각하라. 한 주간 성경을 읽으며 기록한 것을 참고하라. 다음 질문들에 대답해 보라. 이 이야기에 인간성이 어떻게 반영되어 있는가? 아브라함과 사라의 이야기와 그들의 역할에 어떻게 모든 인간성이 반영되어 있는가?

창세기와 출애굽기에 있는 여러 가계를 마음에 두고, 세 그룹 내지 네 그룹으로 나누어 셈(창 11:10~32)과 노아의 아들(창 10장), 아담(창 5장), 가인(창 4:17~24)의 족보를 조사해 보라. 그리고 다음 질문에 답하라. 족보에는 어떤 정보가 들어 있는가? 누가, 왜 강조되어 있는가? 이는 무엇을 강조하기 위함인가? 이 정보를 바탕으로 어떤 관계들을 만들어 낼 수 있는가?

■ 휴식(10분)

■ 말씀과의 만남(25분)

창세기 9:1~17

한 사람에게 본문을 큰 소리로 읽게 하라. 두 명씩 짝을 지어 본문에서 중요점을 찾으라. 그리고 하나님의 위치에서 노아에게 말하는 것으로 가정하여, 자신만의 언어로 본문을 써 보게 하라. 네 명씩 그룹을 지어서 함께 나누라.

■ 세상 속으로(20분)

한 사람씩 '세상 속으로' 에 나오는 질문들에 답하라. 어떤 것들은 전체 그룹에서, 나머지는 두 명씩 그룹을 이루어 토론하라.

'우리의 모습' 을 크게 읽으라. 둘씩 짝을 지어 무엇이 나에게 적용되고, 무엇이 맞지 않는지를 이야기하라. '우리의 모습' 과 성경, 사역이 항상 연결되어 있음을 상기시키라. 짝을 지어, 하나님

의 말씀에서 얻은 메시지와 응답들을 나누라.

■ 마침 기도(10분)

• 금주의 기도 제목을 적으라.

• 영성 훈련을 위한 질문들을 주라.
매일 매순간 성령의 인도하심에 어떻게 민감할 수 있는가? 매일 종으로 살기 위해 취사선택하는 것과 봉사하기 위해 특별한 길을 선택하는 것은 어떻게 다른가?

• 마침 기도를 하라.

03 | 하나님의 초대

■ **시작 기도(5분)**

■ **이끄는 이야기(20~25분)**

준비

메소포타미아와 가나안의 현저한 차이, 그리고 아브라함에게 있어서 땅의 중요성에 유의하라.

창세기 11장은 창세기의 앞의 장들과 하나님과 아브라함의 이야기를 연결하는 다리 역할을 한다. 우리가 아브라함을 만나는 곳은 창세기 11장 셈의 족보에서다. 이 부분은 또한 남부 메소포타미아 계곡의 갈대아 우르를 떠나, 약속의 땅인 가나안으로 떠나는 아브라함에 대하여 적고 있다. 오늘날 이 우르의 폐허는 남부 이라크에 널려 있다. 이 넓은 계곡지역의 문명은 5,000년 전에 시작되었고, 관개농사를 발전시켜 농작물을 거두기 전까지는 황무지였다. 그들은 이곳에 도시를 건설하였고, 상업지역, 궁들, 지구라트(ziggurat)라고 불리는 장엄한 성전 등이 있는 문명생활의 중심지로 만들었다. 사람들은 교육과 아름답고 예술적인 것을 좋아하였다.

아브라함은 이곳을 떠나 전에 전혀 보지 못했던 곳으로 나아갔다. 그는 티그리스와 유프라테스 강의 넓은 계곡을 따라 하란의 대 초원지대로 나아갔다. 거기서 얼마 동안 산 후에 유프라테스 강을 건너 시리아 평원의 여기저기 흩어진 마을들을 지나 가나안 땅으로 들어갔다.

가나안 땅은 아브라함이 메소보다미아 지역에서 알고 있던 땅과 대조적이었다. 넓은 강의 계곡 대신에 가나안은 유프라테스와 티그리스 강에 비하면 아무것도 아닌 요단 강을 가진 산과 계곡의 땅이었다. 메소보다미아의 관개수로를 이용한 풍부한 농작물 대신에 오직 비와 하늘의 이슬이 가나안 땅에 물을 제공하였다. 그러나 이 땅은 신명기에 기록된 것처럼 보기에 아름다운 땅이었다. "네 하나님 여호와께서 너를 아름다운 땅에 이르게 하시나니 그곳은 골짜기든지 산지든지 시내와 분천과 샘이 흐르고 밀과 보리의 소산지요 포도와 무화과와 석류와 감람나무와 꿀의 소산지라."(신 8:7~8)

물론 아브라함은 우르를 떠날 때 이를 알지 못하였다. 하나님의 부르심을 받아서 그 자신의 땅을 찾아 방랑자가 되었다. 하나님이 약속하신 땅은 가나안이었다. 그 전체가 그의 것이었으나 비어 있는 땅이 아니었다. 이미 다른 사람들이 그곳에 마을을 이루고, 성벽을 쌓은 도시를 형성하여 살고 있었다. 아브라함은 그곳에서 헷 족속의 에브론에게서 사들인 묘지 장소 한 곳을 제외하고는, 아무

런 땅도 소유하지 못하는 운명이었다. 그러나 아브라함은 하나님을 향한 아주 깊은 믿음을 소유하고 있었다.

아브라함은 믿음의 사람이었기에 하나님은 그를 의롭다고 선언하였으며, 그와 그의 자손들에게 복을 주시기로 약속하셨다. 가장 중요한 것은 땅의 약속이었다. 하나님은 '너의 자손들에게 이 땅을 주겠노라'고 말씀하셨다. 그러나 이 약속이 그들의 생애에는 실현되지 않았다. 그 땅은 이미 겐 족속, 그니스 족속, 갓몬 족속, 헷 족속, 브리스 족속, 르바 족속, 아모리 족속, 가나안 족속, 기르가스 족속, 여부스 족속 등이 차지하고 있었다. 아브라함과 이삭과 야곱은 가나안 사람들과 같이 살고 있었으나 그들 중의 하나는 아니었다. 그래서 족장들은 약속의 땅에 정착지를 가지지 못하고, 가나안 사회의 변두리에서 살았다. 성경은 그들을 '거민들'이라고 불렀다.

아브라함은 가나안에서 영주할 곳을 찾지는 못했지만, 그는 평화를 사랑하였다. 롯의 목자들과 자기의 목자들 사이에 분쟁이 있었을 때에도 롯에게 선택권을 주었다. 롯은 기름진 요단 평야를 선택하였고 소돔으로 이사하였다.

그러나 아브라함은 계속 천막에 거주하였다. 그는 가나안 중부의 언덕지역인 헤브론에 정착하였다. 아브라함도 한때는 물이 귀하여 우물을 파서 먹어야 하는 남부 사막지역에 살았다.

아브라함에게는 우리와 마찬가지로 가족문제를 포함하여 나름대로 해결해야 할 문제들이 있었다. 하나님은 그가 비록 자식이 없었지만 만방의 아비가 될 것을 약속하셨다. 그의 아내 사라는 아이를 낳을 수 없었기에 하녀인 하갈을 통하여 자손을 가지려고 하였다. 이집트 사람인 하갈은 이스마엘을 낳았고, 이스마엘이 14세가 되었을 때에 하나님은 사라에게 이삭을 낳게 하셨다. 하나님은 이삭을 통해서만이 아브라함의 자손이라 일컬음을 받을 것이라고 주장하셨다. 그러나 이스마엘도 아브라함의 아들이었기에 한 나라를 이루도록 하셨다. 지금의 아랍인들이 바로 이스마엘의 후손이므로, 그들도 아브라함의 후손이다.

이삭과 야곱을 통한 아브라함의 자손은 이스라엘이 되었다. 모세의 지휘 아래 출애굽한 그들은 여호수아와 함께 약속의 땅에 들어갔다. 왕이 있었으나 대부분의 왕들과 이스라엘 백성은 아브라함과 이삭과 야곱의 하나님 앞에서 정의와 의를 추구하는 데 실패하였다. 결국 하나님은 앗수르와 바벨론의 막강한 힘을 이용하여 아브라함의 자손들을 유배시켰다. 나중에 남은 자들이 돌아왔으나, 외국의 세력은 다시 한 번 이들을 정복하였고, 살아남은 자들은 로마 왕국으로 흩어져 사는 유대인들이 되었다.

오늘날에는 아브라함에게 약속하신 이 땅에 이삭과 야곱을 통하여 그의 자손이 된 이스라엘 사람들과 이스마엘을 통하여 그 자

손이 된 팔레스타인 사람들이 서로 대립하고 있다. 세계는 아브라함의 자손들이, 마치 아브라함이 가나안 땅에서 그 이웃들과 평화롭게 살았던 것처럼, 그들도 평화롭게 살기를 기다리고 있다. 오늘날 우리는 무엇을 해야 하는가? 시편기자가 말한 것처럼 우리는 '예루살렘의 평화를 위해 기도해야' 할 것이다.(Keith Schoville)

요약

가나안은 메소포타미아의 지형과는 현저한 차이가 있다.
가나안에서 아브라함은 땅이 없는 이민자였다.
축복 중에 가장 중요한 것은 땅이었다.
사라의 하녀인 하갈은 이스마엘을 낳았다.
하나님은 사라에게 이삭을 낳을 수 있게 하셨다.
이삭을 통한 아브라함의 자손인 이스라엘과 이스마엘을 통한 아브라함의 자손인 팔레스타인 사람들은 하나님이 약속하신 땅을 두고 서로 대립하고 있다.

대화

메소포타미아와 가나안은 어떻게 다른가? 약속의 땅의 역사를 추적하고, 약속을 이루는 데 어려웠던 것들이 무엇이었는지를 찾으라.

■ 성경과 교재(50분)

자르지 않은 큰 빵 한 개를 준비하고, 미리 세 사람에게 어느 부분인지를 밝히지 말고 성경 읽을 준비를 시키라. 첫 번째 사람이 창세기 18장 1~8절을 읽을 때, 빵을 떼어 나누어 주라. 두 번째 사람과 세 번째 사람은 각각 마태복음 25장 31~40절과 누가복음 15장 11~24절을 읽으라. 빵을 먹으면서 손님을 대접해 주고받았을 때에 대하여 이야기하라. 식탁에서 환대받았을 때의 느낌을 이야기하라.

창세기 12장 2~3절과 18장 17~19절, 이사야 42장 6~7절과 49장 6절을 읽으면서, 하나님이 아브라함과 사라를 부르시고 그들을 온 이스라엘에게 미치게 하신 목적을 이해하라. 요나의 이야기를 함께 기억하라. '더 알아보기'에 나오는 질문과 다음 질문들을 중심으로 토의하라. 오늘날 회개하고 용서받으라는 복음을 두려워하기 때문에 저항하는 사람들은 누구인가? 복음을 나누는 데 저항하는 것과 환대의 손을 내미는 데 저항하는 것은 어떤 의미에서 같은가?

■ 휴식(10분)

■ 말씀과의 만남(25분)

창세기 21:1~21

멘털 드라마(mental drama)를 시도하라. 본문을 큰 소리로 읽으라. 무대와 연출자와 사건을 확실하게 하라. 눈을 감고, 자신이 아브라함, 하갈, 이스마엘이라고 상상하게 하라. '사라가 무엇을 생각하였겠는가?' '무엇을 느꼈을까?' 그리고 '아브라함에게 뭐라 말했을까?'라는 질문을 하면서 생각하게 하라. 각각의 질문 후에 조금씩 시간을 주라. 두세 명씩 짝을 지어 이 경험에 대하여 나누게 하라. 어떤 새로운 통찰을 발견하였는가? 각각의 인물이 되었을 때 무엇을 느꼈는가?

■ 세상 속으로(20분)

'우리의 모습'을 크게 같이 읽으라. 이러한 상태를 어떻게 경험하였는지에 대하여 함께 나누라. 환대를 하는 배후에는 자기 자신과 남에 대한 어떤 태도가 깔려 있는가? 어떤 때에 남을 환대하기가 제일 어려운가? 어떤 때에 남의 환대를 받아들이기가 제일 어려운가? 학생 교재 '세상 속으로' 부분에 있는 질문들에 답하라. '세상 속에서의 하나님의 말씀'에 답한 것을 다른 사람들에게 설명하라.

■ 마침 기도(10분)

• 금주의 기도 제목을 적으라.
• 영성 훈련을 위한 질문들을 주라.
  나는 내 방법대로 하기 위해 어떻게 정당화시키는가?
  자기중심으로 사는 모습과 남을 중심으로 사는 모습의 예에는 어떤 것들이 있는가?
• 마침 기도를 하라.

04 | 언약의 준수

■ **시작 기도**(5분)

■ **이끄는 이야기**(20~25분)

준비
고뇌하고 있는 아브라함의 믿음의 증거에 유의하라.

창세기 22장 2절에 따르면 하나님은 아브라함에게 "네 아들 네 사랑하는 독자 이삭을 데리고 모리아 땅으로 가서 내가 네게 일러 준 한 산 거기서 그를 번제로 드리라."고 명령하셨다. 어떻게 하나님은 한마디의 설명도 없이, 하나님의 약속의 아들이라고 여기던 이삭을 바치라는 엄청난 요구를 하실 수 있을까?

창세기 22장을 읽는 독자들에게는 물론 설명이 있기는 하다. 1절에 아주 중요한 정보가 나온다. "하나님이 아브라함을 시험하시려고……."

아브라함은 하나님의 요구를 어떻게 이해하였는가? 이런 요구를 하시는 하나님을 어떻게 알 수 있었는가?

유대인의 한 전설은 아브라함에 대한 하나님의 요구에 대하여 많은 주석가들이 불편하게 생각하는 모습을 반영하고 있다. 욥기의 첫 장에 많은 영향을 받은 이 전설에 따르면, 야훼의 공회의 구성원 중 하나인 사탄이 아브라함이 이제까지 하나님께 열심인 것은 그의 아들 때문이었다고 넌지시 제시하였다. 그리고 나서 일단 이삭이 태어나자 아브라함은 제단 쌓는 것과 하나님께 정기적으로 희생 제물을 드리는 것을 중지하였다고 고소하였다. 이에 대하여 하나님은 아브라함이 그의 귀중한 아들까지도 드릴 수 있는지를 시험하셨다는 것이다.

왜 유대의 해석가들이 창세기 22장을 해석하기 위하여 욥기를 보았는지를 이해할 수 있다. 두 가지 경우 모두 어쩔 수 없는 고뇌와 그러한 믿음의 대상이신 하나님에 대한 질문을 제기하였기 때문이다. 그럼에도 불구하고, 성경 자체는 이것에 대하여 욥기와 같이 자세한 것을 설명하지는 않는다. 오히려 성경기자는 이에 대하여 거의 언급하지 않았다. 창세기 22장에는 독자들이 메워야 할 공간이 많다. 하나님의 요구에 대한 아브라함의 첫 반응은 무엇이었는가? 그는 사라에게 무슨 말을 하였고 어떻게 그를 데리고 모리아에 가는 것을 설명하였겠는가? 그가 정말로 이삭이 죽을 것을 믿었는가, 아니면 하나님께서 번제드릴 양을 주실 것을 믿었는가? 아브라함이 하려는 것을 이삭이 알았을 때 그는 어떤 반응을 보였겠는가? 아브라함이 어떻게 그를 위로하고 자기가 하려는 것을 정당화하였겠는가? 본문은 이러한 질문들에 대하여 침묵을 지키고 있기 때문에 많은 해석들이 있을 수 있다.

아브라함은 한마디 항의도 없이 순종하였다. 다른 방도가 있었겠는가? 다음날 일찍 아브라함과 이삭과 두 하인들은 모리아를 향하여 떠났다. 사흘이 지난 후 목적지에 다다랐을 때에 아브라함은 하인들을 남겨두고 이삭과 함께 길을 갔다. 성경학자이면서 신학자인 게하르트 폰 라드는 아들에 대한 아브라함의 보살핌을 지적한다. 아브라함은 이삭에게 장작을 지웠고, 그 자신은 아이를 다치게 할지도 모르는 칼과 불을 가졌다. 호기심으로 이삭이 물었다. "번제로 드릴 어린 양이 어디 있나이까?" 그의 아버지가 대답하였다. "아들아, 하나님께서 번제에 드릴 어린 양을 준비하실 것이다."

지금까지 이야기의 자세한 사항을 거의 언급하지 않던 것과는 대조적으로 9~10절은 아브라함의 행동을 마치 슬로우 모션을 보는 것처럼 자세하게 설명하고 있다. 그는 제단을 쌓고, 장작을 놓고, 그의 아들을 묶어 제단에 올려놓고, 손을 뻗어 칼을 잡았다. 우리는 그가 주저하거나 머뭇거리지 않았음을 느낄 수 있다. 하늘에서 두 번씩 그의 이름을 외쳐 부르는 소리가 들렸다. "아브라함아 아브라함아, …… 내가 여기 있나이다 …… 그 아이에게 네 손을 대지 말라 그에게 아무 일도 하지 말라 네가 네 아들 네 독자까지도 내게 아끼지 아니하였으니 내가 이제야 네가 하나님을 경외하는 줄을 아노라."

"네가 네 아들 네 독자까지라도 내게 아끼지 아니하였으니 내가 이제야 …… 아노라." 여기서 말하는 여호와의 사자는 주를 의미한다. 이는 말씀하시고, 전에 모르셨던 것을 알게 되시는 하나님이시다. "내가 이제야 네가 하나님을 경외하는 줄을 아노라." 여기에서 하나님에 대한 경외는 절대적인 순종을 의미한다. 더 이상의 의미는 없는가? 그러한 요구를 하시고 그러한 일이 일어나도록 하시는 하나님을 경외하지 아니할 사람이 있는가?

갑자기 아브라함은 수풀에 뿔이 걸려 있는 수양을 발견하였다. 그는 아들 대신에 그 양을 희생으로 드렸다. 14절에 따르면 아브라함은 자기의 경험에 비추어 그곳의 이름을 붙였다. '여호와 이레' – 하나님이 준비하신다. 그가 8절에서 이삭에게 여호와께서 번제드릴 양을 준비하실 것이라고 말한 것을 되풀이하였다.

다시 한 번 하나님은 아브라함이 그의 순종으로 인하여 복을 받을 것이며, 그의 자손들이 모래와 같이, 그리고 별과 같이 많아질 것이며, 땅을 소유하게 될 것이라고 약속하셨다. 그리고 남겨둔 하인들과 더불어 아브라함은 브엘세바로 돌아왔다.

그러나 이삭은 어디 있는가? 창세기 22장의 결론 부분은 그가 모리아에서 아버지와 함께 왔다고 기록하고 있지 않다. 유대인의 전설에 따르면 이삭은 거의 죽음에 이르기까지 참았기에 '하늘의 상'을 받았다고 전한다. 천사들이 그를 낙원으로 옮기어 땅에 돌아올 때까지 3년 동안 거기서 지냈다. 한편 아브라함이 이삭 없이 돌아왔을 때, 사라는 이삭이 희생 제물이 되었다고 짐작하여 고뇌로 죽었다. 그래서 랍비들은 아케다(Akedah) 또는 이삭을 '묶었다'는 이야기 바로 뒤에 창세기 13장에 사라의 죽음이 나온다고 설명한다.

이삭을 묶었다는 것은 하나님에 대한 신뢰와 순종에 대하여 우리에게 도전하며 감동을 주는 이야기다. 그러나 성경학자인 월터 부르그만이 말한 것처럼 창세기 22장은 아브라함의 믿음만을 시험한 것이 아니라 하나님의 신실하심에 대한 시험이기도 하다.(Katheryn Darr)

요약

하나님은 아브라함에게 그의 아들을 번제물로 드리라고 명령하셨다.

아브라함은 항변 한마디 없이 하나님께 순종하였다.

하나님은 전에 모르셨던 중요한 것을 알게 되셨다. "내가 이제야 네가 하나님을 경외하는 줄을 아노라."

창세기 22장은 단순히 아브라함의 믿음을 시험하는 장이라기보다는 동시에 하나님의 신실하심을 시험하는 장이기도 하다.

대화

이러한 시험을 하시는 하나님에 대하여 어떤 의문이 있는가? 어떤 새로운 이해를 하였는가?

■ 성경과 교재(50분)

세 명씩 그룹을 지어 시험하시는 하나님에 대하여 생각해 보라. 첫째 날과 여섯째 날의 내용으로 다음과 같이 질문하라. 하나님이 시험을 하시는 것과 하나님이 시험 중에도 우리에게 공급하신다는 것 중 어느 것이 더 믿기 어려운가? 하나님은 어떻게 우리를 시험하시는가? 하나님은 '수풀에 걸린 어린 양'을 항상 공급하시는가?

사라의 죽음에 대한 이야기에서 가장 중요한 것은 아브라함에게 준 땅의 약속이다. 둘씩 짝을 지어 죽은 사람을 묻기 위하여 땅을 사는 것에 대하여, 특별히 성경을 읽을 때의 감정이나 주석서를 읽었을 때의 느낌을 말해 보라. 둘째 날 기록한 내용을 참조하라. 사라가 죽을 당시 언약은 어떤 상태였는가?

이삭이 아브라함의 우물을 다시 판 것과 새 우물을 판 것은 물려받은 신앙과 직접 체험한 신앙을 이야기하는 방법 중 하나다. 둘씩 짝을 지어 신앙을 갖게 된 동기에 대하여 서로 나누라. 물려받은 신앙과 직접 겪은 신앙 중 어느 것이 더 많은가?

한 사람에게 신명기 6장 1~9절을 큰 소리로 읽게 하라. 눈을 감고, 집에 걸려 있는 사진들은 누구의 것이며, 어디서 와서 어디로 가고 있는지를 생각나게 하는 것들을 찾게 하라. 두세 사람이 모여 이야기하라.

■ 휴식(10분)

■ 말씀과의 만남(25분)
창세기 24장

여섯 곳의 장면을 큰 소리로 읽으라. 창세기 24장 1~9절, 10~14절, 15~28절, 29~53절, 54~61절, 62~67절. 두 사람씩 짝을 지어 이 장면들을 다음과 같은 질문을 염두에 두고 연구하라. 본문이 말하고 있는 것은 무엇인가? 이 이야기를 처음 들었던 사람들에게 의미했던 것은 무엇인가? 하나님에 대하여 저자가 말하려 했던 것은 무엇인가? 오늘날 우리에게는 어떤 의미를 주는가? 나에게는 어떤 의미를 주는가?

■ 세상 속으로(20분)

'세상 속으로'에 나오는 질문들에 대하여 토의하라. 그리고 역경과 시험 중에 있을 때 기억은 어떻게 힘으로 나타나는지에 대해서도 이야기하라. 두 명씩 짝을 이루어 '세상 속에서의 하나님의 말씀' 부분에 있는 응답을 나누라.

■ 마침 기도(10분)
• 금주의 기도 제목을 적으라.
• 영성 훈련을 위한 질문들을 주라.
  예배에 임할 때 내가 생각하는 하나님의 모습은 어떠한가?
  하나님과 나 자신 간에 어떤 일이 일어날 것으로 기대하는가?
• 마침 기도를 하라.

05 | 가족 간의 싸움

■ 시작 기도(5분)

■ 이끄는 이야기(20~25분)

준비

하나님의 언약을 이어가도록 선택하는 기준은 인간의 업적이 아니라 하나님의 은혜임에 주목하라.

창세기에서 우리는 부모와 자식 간의 경쟁에서, 한쪽은 이기고 다른 쪽은 지게 되는 투쟁에 대하여 거듭해서 듣는다. 우리는 시간과 공간과 문화적으로 그들과 멀리 떨어져 있기 때문에 신앙의 조상들에게 무엇이 귀중했는지, 또 그들이 투쟁에서 무엇을 얻었는지를 알기는 쉽지 않다.

야곱의 이야기는 낳기도 전에 씨름하는 것으로 시작한다. 우리는 야곱이 그의 어머니 태에 있을 때부터 쌍둥이 형 에서와 다투었다는 것을 듣게 된다. 그는 태에 있을 때부터 맏아들이 되기 위하여 싸웠다. 맏아들은 하나님과 아버지와 특별한 관계를 가진 것으로 여겨졌다. 출애굽기 22장 29~30절에 따르면 땅의 처음 소산물과 처음 난 것은 사람이든 짐승이든 하나님께 속한 것으로 구별되었다. 동물의 처음 난 것은 하나님께 희생으로 드려졌다. 그러나 처음 난 아들은 희생되는 것이 아니라 구제되었다. 그 아들의 아비가 아이 대신에 희생동물을 드렸다. 아버지는 그 아이를 구제하기 위하여 특별한 결단을 내려야 했으며 그 아이는 자라면서 그 아비가 이렇게 구제하였다는 것을 알게 되었다. 그리고 관습에 의해서 아버지가 죽으면 첫 아들이 그 가정의 가장이 되었으며, 그 아비가 남긴 유산에서 다른 아들보다 두 배나 되는 유산을 차지하였다.

야곱은 태 속에서 에서와의 투쟁에서 졌다. 에서가 먼저 나왔으며 야곱은 에서의 발뒤꿈치를 잡고 태어났다. 야곱의 거머쥐는 성격과 일생을 통하여 다른 사람을 밀치고 자신이 성공하는 것을 포기하지 않는 그의 성격이 천성이었음을 알 수 있다. 처음에 야곱은 에서에게 팥죽 한 그릇에 그의 장자권을 팔도록 설득하였다. '장자권'은 처음 난 자의 특권이었다. 그러고는 자기 형의 '축복'을 훔쳤다. 가장이 죽으면서 내리는 축복은 마치 오늘날의 마지막 유언과 같이 율법과 같은 힘을 가졌다.

야곱이 이것을 속여서 받았든지 계교로 받았든지 간에, 이것을 잃어버린 에서의 분노로 인하여 야곱은 도망치지 않을 수 없었다. 야곱은 에서의 분노를 피하여 도망하는 중에 하늘에 사다리를 오르락내리락하는 천사를 보았다. 이 시점이 바로 처음에 아브라함에게 그리고 이삭에게 주었던 하나님의 언약이 야곱에게 주어지는 장면이다. 아버지를 속이고, 형의 것을 빼앗아 생명을 보전키 위해 도망하는 난봉꾼에게, 하나님은 그가 선택하신 백성의 조상이 될 것이며, 그들을 통하여 온 세상에 복을 내리겠다는 약속을 주셨다.

여기에서 하나님께서 야곱의 행위를 보상했다고 생각하기는 어렵다. 그가 이삭의 축복을 받았기에 하나님이 야곱에게 약속을 주셨다고 믿을 수도 없다. 여기에 바로 하나님으로부터 선택을 받은 사람들은 가치가 있어서 선택받는 것이 아니라는 구약성경의 강한 전통이 나타난다. 하나님은 제일 못난 사람 또는 일을 이룰 가능성이 거의 없는 사람들을 택함으로써, 하나님의 뜻이 이루어졌을 때에, 우리 자신들이 한 것이 아니라 하나님이 하셨다는 것을 드러내시기도 한다.

창세기 29장은 야곱을 위하여 아들을 낳으려고 경쟁하는 레아와 라헬의 맞겨룸에 대하여 적고 있다. 왜 그랬는가? 고대 이스라엘 사람들은 한 개인의 미래가 가계를 연장하는 것에 의해서만 가능하다고 믿었던 것 같다. 직계 후손만이 그들의 희망이었다. 후손이 끊기는 것은 아주 나쁜 운명이나 적에 대한 저주에서나 찾아볼 수 있었다. 즉 아이들은 각 개인의 미래와 다름이 없었다. 후기의 구약문서는 이러한 미래에 대한 생각, 즉 늙은 후의 생계 보장이나 죽은 다음에 기억되는 것이 아이들에 의해서만 가능하다는 것은 하나님의 뜻이 아니라고 가르치고 있다. 시편 113편 9절은 하나님은 아이를 못 낳는 여자의 미래도 아이가 많은 여인과 똑같이 보장한다는 것을 선언하고 있다. 그러므로 창세기의 기자가 각 여족장들(사라, 리브가, 라헬)이 하나님이 약속한 자녀를 낳을 때가 되었다고 하실 때까지는 아이를 가지지 못한 것을 강조하는 것은 신학적인 확신이다. 원래 아브라함과 사라에게 주신 언약의 약속은 미래에 자녀를 주시겠다는 약속이다. 그러나 그것도 하나님이 주시겠다는 약속이고, 하나님이 이루실 약속이었다. 이스라엘의 조상들은 하나님만이 그들의 미래를 보장하실 수 있다는 것을 배워야 했다.

이스라엘 조상들의 이야기는 처음에는 특별한 사람들에게만 전해지는 이야기였을 것이다. 그러나 계속 전해지고 믿음의 공동체를 통해 전해지면서 각 족장들과 여족장들은 그들을 대표하는 주인공들이 되었다. 나중에 이스라엘이란 이름을 가지게 되는 야곱도 이스라엘 사람들을 대표하게 되었고, 그의 경험은 그들의 경험이 되었다. 그러나 이야기가 성경에 포함될 때에 기억 중에 좋은 부분만 기억나게 한 것은 아니었다. 오히려 이러한 이야기는 죄를 고백하는 시리즈로 기억되어야 했다. 이 이야기를 전하면서, 우리도 우리 조상들처럼 계속적으로 하나님의 약속과 축복의 진짜 의미를 이해하는 데 실패하고 있음을 고백해야 한다. 우리는 계속적으로 우리가 생각한 것에 대하여, 하나님의 사랑이 한계가 있는 것처럼, 우리의 형제자매들과 투쟁하고 있다.

야곱은 오랜 시간이 걸려서야 번영이라든지 다른 사람의 것을 차지해서 얻는 인간의 복은 결국 고립과 단절과 복수의 두려움만을 가져온다는 것을 깨달았다. 모든 이스라엘의 아버지 야곱은 마지막으로 두려움과 떨림으로 자기 형의 집이 있는 땅에 왔을 때 이것을 깨달았다. 에서는 경계선에서 야곱을 만났고 입을 맞추었으며, 진심으로 환영하였다. 야곱이 외친 것처럼, 받을 자격이 없고 자기가 얻지 않은 사랑을 받았을 때에, 그가 에서의 얼굴을 보는 것이 하나님의 얼굴을 보는 것 같았다. 하나님의 얼굴이 야곱(이스라엘)에게 무조건적인 사랑으로 나타났다. 결국 야곱은 하나님의 얼굴은 서로 경쟁하는 곳에 나타나는 것이 아니라 그의 형과 화해하는 곳에 나타나는 것을 발견하였다. 이스라엘 사람들은 하나님은 인간의 문화에 얽매어 있거나 인간의 기준에 따라 선택하지 않는다는 것을 상기시키기 위해 이 이야기를 우리에게 들려준다고 생각한다. 이 하나님의 가족 간의 불화 이야기는 하나님은 우리와 같은 완전하지 못한 인간을 선택할 수 있으시고, 또한 선택하셔서 하나님의 계획을 이루신다는 것을 기억하게 한다.(Kathleen Farmer)

요약
'장자권'은 처음 난 자들에게 주어지는 특권이다.
야곱은 약속을 받은 자로 여겨졌다.
하나님께 선택받는 사람들은 가치가 있어서가 아니다.
이스라엘이라는 이름으로 바뀐 야곱은 이스라엘 백성을 대표하게 되었다.
이 이야기들은 죄를 고백하는 것으로 기억해야 한다.
야곱은 형과의 화해에서 하나님의 얼굴을 볼 수 있다고 했다.

대화
장자권, 축복, 여자 또는 남자, 아이들의 중요성은 어떻게 가족 간의 불화로 발전하는가? 죄를 고백하는 시리즈로 이 이야기를 기억한다는 것은 무엇을 의미하는가?

■ 성경과 교재(50분)
야곱과 에서의 이야기를 복습하라. 첫째 날의 성경 본문과 자신이 기록한 내용을 이용하라. 창세기 27장 26~29절과 38~40절에 기록된, 야곱과 에서에게 내리는 각각의 축복을 비교하라. 내용과 분위기와 결과가 어떻게 다른가? 성경의 관주를 참고하여 에서(에돔)와 그의 족속들에 관한 정보를 추적하라.

이삭과 리브가, 야곱, 에서, 라반, 레아, 라헬을 포함한 가계를 살펴보라. 그들의 성품을 염두에 두고 다음과 같은 요인들, 즉 장자권, 축복, 아이들, 지위, 자존심, 외모, 조종, 이중성, 가족에서의 위치 등이 어떻게 분열과 단절에 기여했는지에 대하여 이야기해 보라. 오늘날 가족의 단절을 가져오는 요소와 상태를 찾아보라. 어떤 면에서 성경에 나오는 요소들이 오늘날에도 적용되는가?

'더 알아보기'에 나오는 과제를 연구해 온 사람이 있으면 들어보라. 없으면 전체 그룹으로 모여 토의하라.

■ 휴식(10분)

■ 말씀과의 만남(25분)
창세기 28:10~22
모두 눈을 감게 하고, 창세기 28장 10~22절을 큰 소리로 읽어주라. 세 명씩 그룹으로 나누어, 다시 한 번 성경을 읽게 한 후에 다음 질문에 대하여 연구하라. 이 구절은 하나님에 대하여 무엇을 말하는가? 인간에 대하여는 무엇을 말하는가? 하나님과 인간의 관계에 대하여는 무엇을 말하는가? 대답을 중심으로 토의하라.

■ 세상 속으로(20분)
'우리의 모습'을 같이 읽으라. 그리고 다음 질문을 읽으라. 왜 하나님의 백성 안에도 가족의 단절이 존재하는가? 둘씩 짝을 지어 '세상 속으로'에 나오는 질문에 답하라. 토의를 다음 질문으로 마무리하라. 이삭과 리브가, 그리고 그 가족에게서 배운 것 중에 우리 가족에게 적용할 수 있는 것은 무엇인가? 가족 관계에서 경험한 것들 중에 이삭과 리브가, 그리고 그 가족을 이해하는 데 도움이 된 것은 무엇인가?

두세 사람이 짝을 이루어 '세상 속에서의 하나님의 말씀'에 대답하게 하라. 이번 주간에 행할 사역을 구체화하는 하나님의 말씀에서 얻은 메시지와 이에 대한 응답을 서로 나누라.

■ 마침 기도(10분)
• 금주의 기도 제목을 적으라.
• 영성 훈련을 위한 질문들을 주라.
  끈질기게 기도한다는 것은 무엇을 의미하는가?
  기도가 나와 하나님 간의 교통이라면 내 마음속에서 억제해야 하는 것은 무엇인가?
• 마침 기도를 하라.

06 | 하나님과의 씨름

■ 이끄는 이야기(20~25분)

준비

야곱의 인간성과 하나님의 도구로서의 야곱, 그리고 에서와 야곱의 만남의 의미에 유의하라.

성경은 야곱의 인간성에 대하여 매우 복잡하게 그리고 있다. 그는 형 에서를 속였고, 삼촌 라반을 이용하였으며, 축복을 위해 하나님과 흥정하였으나 이스라엘에 대한 하나님의 약속에 대하여 깊은 관심을 가졌고, 이 약속이 실현되는 것을 보기 위하여 자기의 임무를 다하였다. 야곱은 하나님의 약속을 현실화하기 위한 하나님의 도구였으며, 하나님의 약속이 실현될 때까지 계속 투쟁하였다.

얍복 강 계곡은 가파르고 깊으며 요단 강으로 물이 흐르고 있다. 물가로 내려가는 길은 앞뒤로 굽이쳐져 있어서 자연적으로 위험한 곳인 동시에 수풀에 숨어 있는 자들을 조심해야 하는 곳이다. 야곱이 모든 사람들을 이 계곡의 남쪽으로 내려 보낸 후에, 물가에 남아서 생사를 가르는 어려운 시험에 직면하고 있었다.

여기에서 나타나신 하나님은 전에 나타나신 하나님과는 다르다는 것을 유의하라. 이곳은 아브라함이나 이삭에게 알려지지 않은 새로운 성지다. 그러나 야곱과 밤이 새도록 씨름한 '어떤 사람'은 벧엘에서 야곱에게 나타났던 같은 하나님으로 이해하여야 한다. 이곳의 이름을 브니엘이라 하였는데 이는 벧엘을 상기시킨다. 브니엘은 벧엘이 '하나님의 집'을 의미하듯이 '하나님의 얼굴'을 뜻하는 브니엘을 상기시킨다.

그렇다면 야곱이 하나님을 상면하고도 죽지 않았다는 것은 무엇을 의미하는가? 이는 옛날 사람들이, 신약의 요한1서 4장 12절에 나오듯이, 인간이 완전하신 하나님을 만나고도 사는 경우는 매우 드문 것으로 간주하였다는 것을 상기시킨다. 여기에서 야곱의 경험은, 조금 나중에 벧엘에서 그랬듯이, 시내 산의 모세를 기억나게 한다. 모세도 하나님의 얼굴 보기를 원했으나 하나님을 보고 살아남은 자가 없었기에 보지 못한다는 말을 들었다(출 33:20). 그러나 출애굽기 33장 11절에서 하나님은 친구와 말하듯이 모세와 상면하여 말씀하신다. 그리고 모세는 하나님과 대면한 특별한 선지자라는 것으로 신명기는 끝난다.(신 34:10)

여기에서 야곱은 하나님의 복을 얻기 위해 하나님과 억세게 투쟁하는 것으로 나타난다. 모세와 마찬가지로 야곱도 자기의 복을 위하여 씨름하였으나 복을 받는 자는 하나님의 백성이었다. 이스라엘의 지도자는 하나님과 투쟁해야 하며 하나님의 약속이 성취되도록 그들의 역할을 해야 했다. 이 얍복 강가의 씨름은 야곱과 그의 자손들에게 하나님의 복을 가져오기 위한 인간편의 노력을 보여 주고 있다.

모든 하나님의 백성은 하나님이 약속하신 복이 이루어지도록 각자 맡은 역할이 있다. 창세기 28장을 기억하면, 야곱은 그를 통하여 하나님의 복이 온 세상 사람들에게 내려질 것을 확신하였다. 그러므로 야곱의 하나님과의 씨름은 자기와 이스라엘 사람들만을 위한 것이 아니라 모든 인간을 위한 씨름이었다.

그러나 야곱은 자기와 씨름한 분의 이름을 알아내지 못하였다. 이스라엘 사람들은 이름이 힘을 가진다고 믿었다. 축복하면서 그리고 저주하면서 하나님의 이름을 부르는 능력이 지도자에게는 커다란 힘을 줄 수 있었다. 모세도 불타는 수풀에서 하나님의 이름을 알고자 하였다. 그는 이름을 받기는 했으나 그건 거절이나 다름없는 '나는 스스로 있는 자니라.' 라는 대답이었다. 출애굽기 33장 19절에 나오는 이름에 대한 설명도, 실제로 설명이 아니다. "나는 은혜 베풀 자에게 은혜를 베풀고 긍휼히 여길 자에게 긍휼을 베푸느니라."

야곱은 씨름하던 분의 이름을 알지는 못했으나 그의 복을 받았고 새로운 이름을 받았다. 이제부터는 '이스라엘' 이라 불릴 것이다. 이 이야기는 이름이 '네가 하나님과 사람으로 더불어 겨루어 이겼음이라.' 를 의미한다고 설명하고 있다. 야곱의 성격에 얼마나 어울리는 이름인가? 처음부터 끝까지 야곱은 복을 더 받기 위하여 투쟁하였다. 그의 방법은 비도덕적이고 야비하기까지 하였다. 그러나 야곱은 언제나 하나님의 복과 약속에 커다란 관심을 가졌다.

여러 가지 면에서는 좋은 성격을 지녔다. 솔직하고, 다정하고, 관대하고, 복잡하게 삶을 살지 않았으므로 아버지의 사랑을 받을 만하였다. 그러나 에서는 야곱이 그렇게 중요하게 여기던 하나님의 백성으로서 사는 것에는 별로 관심이 없었다. 야곱은 하늘이 열리는 것을 보았다. 야곱은 위험에 빠졌을 때에 보호하시는 하나님의 약속을 들었다. 그리고 스스로 자신과 자기 가족은 하나님의 약속을 지켜야 한다는 것을 알았다.

결과적으로 야곱과 에서가 만났을 때 야곱은 에서의 얼굴을 보는 것이 마치 하나님의 얼굴을 보는 것 같았다고 말하였다. 야곱의 일상의 삶에서도, 우리의 인생의 어려움과 시험 속에서도, 하나님은 우리와 함께하시고, 가족의 얼굴에서나 친구나 동료, 그리고 적의 얼굴에서조차 나타나는 것을 알았다. 그러기에 하나님의 복을 현실화시키려는 야곱의 투쟁이 시대를 초월하여 하나님의 백성에게 중요한 것이다. 하나님은 인간들과는 독립적으로 일하신다. 하나님은 가끔 영광과 장엄한 광채, 그리고 공포로까지도 나타나신다. 그러나 하나님의 모습은 우리가 매일의 삶에서 주어진 일을 행할 때나 길을 걸어갈 때, 또는 시험을 당할 때, 하나님의 도움을 청할 때, 인류를 위하여 힘을 다하여 일할 때에 나타나시는 경우가 많다.

야곱의 이야기를 통하여 '내가 너와 함께하리라.' 는 표어가 적용된다. 모세도 자기가 어떻게 노예살이하는 이스라엘 백성을 자유로 이끌어 낼 수 있느냐고 질문을 제기했을 때 똑같은 확약을 받았다. 하나님은 모세에게 '내가 너와 함께하리라.' 고 말씀하셨다. 그것이 차이점이다. 성경에 따르면 하나님의 임재는 자주 성경의 인물들이 원하는 것을 하시지 않는다. 그들은 고통을 겪고, 투쟁을 한다. 그러나 그들은 이러한 하나님에 대한 확신을 갖는 것이 얼마나 중요한지를 안다.(Walter Harrelson)

요약

야곱은 하나님의 약속을 깨닫게 하는 하나님의 도구다.
벧엘이 '하나님의 집' 을 의미하듯이, 베눌(Penuel)은 '하나님의 얼굴' 을 의미하는 브니엘(Peniel)을 상기시킨다.
야곱의 씨름은 온 인류에게 복을 주기 위한 투쟁이다.
야곱은 자기와 씨름하던 하나님의 이름을 알 수 없었다.
야곱이 에서의 얼굴을 볼 때 하나님의 얼굴을 보는 것 같았다.

대화

야곱은 어떤 의미에서 자신을 위하여 씨름했고, 어떤 의미에서 이스라엘을 위하여 씨름했는가? 에서와 야곱의 만남으로 무엇이 해결되었고, 무엇이 해결되지 않았는가?

■ 성경과 교재(50분)

야곱과 라헬, 레아, 그리고 라반을 단절시킨 요소와 행위들을 확인하라. 결국 화해로 이르게 하는 행위들과 결단들을 찾으라. 창세기 31장 44~55절에 나오는 라반과 야곱 간의 언약 이야기를 읽으라. 두 명씩 짝을 지어 학생 교재 '말씀 속으로 – 이별의 길' 에 있는 반응들을 읽고, 토의하며, 이 이야기의 요점에서 언약의 상태를 확인하라.

야곱이 천사와 씨름하는 이야기를 배경으로 단절을 넘어서는 방법은 적어도 세 단계 – 자신을 직면하고, 하나님을 직면하고, 다른 사람을 직면하는 – 를 포함한다는 것을 기억하라. 두세 명씩 짝을 이루어 단절을 극복했던 경험과 각각의 단계에서 어떤 일이 일어났는지를 설명하라. 학생 교재 '말씀 속으로 – 형제가 얼싸안을 때' 에 있는 설명과 서술들에 대하여 대답해 보라.

'더 알아보기' 에 나오는 지도에 대해 연구한 사람이 있으면 발표하게 하라.

■ 휴식(10분)

■ 말씀과의 만남(25분)

창세기 33:1~17

각자 본문을 조용히 읽으라. 각자 야곱, 에서, 여자들, 아이들 중 하나라고 생각하고 본문을 읽으면서 보고, 듣고, 만져 보고, 맛보고, 냄새를 맡아 보라. 두 사람씩 짝을 지어 경험한 것들을 나누라. 다음 질문을 염두에 두고 다시 읽으라. 에서와 야곱 간에 어떠한 일들이 벌어지고 있는가? 내부적으로는 어떠한 일이 벌어지고 있는가?

■ 세상 속으로(20분)

전 세계에서 시작하여 가정에 이르기까지 분열의 예를 찾고 나열하라. '우리의 모습' 을 큰 소리로 읽으라. 내용을 숙지하고 다음 질문을 중심으로 토의하라. 왜 우리는 개인적으로, 가정에서, 인종 간에, 그리고 국가적으로 화해하기 위하여 먼저 행동을 취하지 못하는가? 무엇이 먼저 화해할 수 있게 하는가? 둘씩 짝을 지어 '세상 속으로' 에 있는 질문에 답하라.

두 사람이 짝을 이루어 이번 주간에 행할 사역에 영향을 미칠 하나님의 말씀에서 얻은 메시지와 이에 대한 반응을 서로 나누라.

■ 마침 기도(10분)

• 금주의 기도 제목을 적으라.
• 영성 훈련을 위한 질문들을 주라.
  혼자 있는 것을 얼마나 편하게 느끼는가?
  혼자 침묵하면서 하나님께 들을 때 나는 무엇에 집중하는가?
• 마침 기도를 하라.

07 | 하나님의 때

■ 시작 기도(5분)

■ 이끄는 이야기(20~25분)

준비
야곱의 아들들이 어떤 사람들인지에 유의하라.

야곱의 열두 아들의 숫자는 이스라엘 지파의 숫자다. 실제로 이스라엘 지파들의 역사는 야곱의 아들들의 역사다. 그러므로 이 아들들과 그들이 대표하던 지파들에 대하여 좀 더 아는 것은 도움이 되며, 이로써 그들이 이스라엘 역사에서 행한 역할을 좀 더 깊이 이해할 수 있다.

르우벤은 야곱의 장자였다. 이름은 두 히브리 단어, '보다' 라는 단어와 '아들' 이라는 단어를 합친 것이다. 그러므로 그의 이름은 '보라 아들이다.' 라는 의미다. 그의 출생은 야곱의 첫째 아내인 레아가 야곱의 사랑을 얻으려고 했던 것을 기억나게 한다.

이스라엘의 한 지파로서 르우벤에 대한 기억은 부정적이다. 두 군데 성경 본문이 이를 뒷받침한다. 창세기 35장 22절에 르우벤은 "그 아버지의 첩 빌하와 동침하매 이스라엘이 이를 들었더라." 고 적고 있다. 공동체의 지도자의 첩과 통간한다는 것은 성적인 행위라기보다는 정치적인 행위였다. 이유는 모르지만 르우벤은 그의 가정과 공동체의 지도자가 되기를 원했던 것 같다.

야곱은 죽으면서 르우벤이 '물과 같이 불안정' 하기 때문에 더 이상 오르지 못할 것을 경고하고 있다. 창세기 49장 3~4절에 기록된 것과 같이 르우벤은 아버지의 첩에 대한 욕정이 끓고 있었고, 야곱은 그것을 끝내 잊지 않았다.

시므온은 야곱의 둘째아들이었다. 그의 이름 역시 두 히브리 단어를 합친 것으로 '하나님이 들으셨다' 를 의미한다. 시므온과 그의 지파에 대하여는 알려진 것이 많지 않다. 야곱은 그들의 폭력과 분노로 인하여 그들이 "야곱 중에서 나누며 이스라엘 중에서 흩으리로다." 라고 저주의 말을 했다(창 49:5~7). 그리고 실제 역사에서 똑같은 일이 벌어졌다.

전승에 따르면 시므온의 지파와 가장 관련 있는 지파는 레위 지파다. 그 이름은 창세기 29장 34절에서 제안하듯이 '연합하리로다' 라는 의미다. 레위 지파는 피 흘리기를 좋아했고 신임하기가 어려웠다. 실제 역사에서 레위 지파는 약해졌고, 결국은 땅이 없는 신세가 되었으며, 이들 중의 얼마는 제사장의 임무를 수행하기 시작했다. 고대 전승에 따르면 모세와 아론은 레위 지파였다. 그러므로 시므온과는 달리 레위의 이름은 이스라엘 중에 신성한 기억을 남기게 되었다.

유다는 야곱의 넷째아들이었다. 그 이름은 '찬송하리로다' 라는 의미다. 창세기 49장 8~12절에 있는 야곱의 유다에 대한 축복에 근거하여 유다 지파를 중요하게 생각했다. 유다는 그의 형제들 중에 권위를 부여받았다. "통치자의 지팡이가 그 발 사이에서 떠나지 아니하기를." 이 지파로부터 큰 왕국이 나올 것이라는 약속이다. 먼 훗날 메시아가 유대 지파에서 올 것이라고 했다.

요셉을 제외하고 야곱의 다른 아들들에 대하여는 기록된 것이 많지 않다. 야곱의 첫째아내였던 레아에게는 잇사갈과 스불론이라는 두 아들이 더 있었다. 아이들의 탄생 이야기에서 잇사갈이라는 이름은 '값을 주셨다' 라는 말과 연관되어 있는데 이는 레아가 자신의 하녀를 야곱에게 줌으로써 하나님이 주신 것이라고 생각하였기 때문이다. 그러나 실제로 이름은 '하나님이여, 자비를 베푸소서.' 의 의미다. 창세기 49장 15절에서 야곱은, 잇사갈은 "토지를 보고 아름답게 여기고" "어깨를 내려 짐을 메고 압제 아래에서" 섬기리라 하였다. 이는 이 족속이 언젠가는 그들의 역사 속에서 '즐거운 땅' 을 발견하고 외국인들과 함께 살기로 결정하기 때문에 그들의 노예가 될 것이라는 것을 암시하고 있다. 스불론의 역사는 이스라엘의 기억에서 자주 짝을 이루는 잇사갈의 역사와 비슷하다. 야곱의 유언에서 스불론은 '배 매는 해변에 거할 것' 이라고 하였다. 데보라의 노래에서 이들은 잇사갈과 같이 전쟁에서 용기 있었고 적을 향한 싸움에서 죽음을 두려워하지 않았기에 칭송을 들었다.

라헬의 하녀인 빌하의 첫째아들은 '심판하다' 라는 의미의 단어였다. 남쪽에 있는 유산을 차지했기에 실패한 단 지파는 이스라엘 북쪽으로 이동하였다. 야곱은 '단은 이스라엘의 한 지파같이 그 백성을 심판' 할 것이라고 예측하였다. 이는 단 지파가 언제나 이스라엘의 한 지파로 보이지 않았음을 암시한다. 데보라의 이야기에서 단 지파는 길르앗이나 르우벤처럼 가나안의 적과 싸우기를 거부하는 겁쟁이라는 소리를 들었다.

납달리는 전승에서 항상 단과 연결되어 나타나며 빌하의 둘째아들이었다. 이 이름은 '바람이 불다' 또는 '꼬다' 라는 동사와 연관이 있으며, 창세기의 탄생 이야기에서 야곱의 사랑을 받기 위한 라헬과 그의 자매의 씨름에서 유래하였다. 납달리 지파는 가나안 족속을 다 몰아내지 못하고 가나안 족속 중에서 살았다. 그러므로 이 지파는 혼혈족이 되었을 것이다.

레아의 하녀인 실바에게서 난 갓과 아셀은 언제나 함께 기억된다. 갓이라는 이름은 '행운' 이라는 뜻으로 '르앗' 과 같다. 사사기 5장 17절에서 이스라엘 군대를 지지하거나 지지하지 않은 지파들을 나열할 때 길르앗은 아셀 앞에 나온다. 갓 지파는 확실히 비열했던 것 같다.

아셀은 창세기 30장 13절에서처럼 '기쁘도다' 또는 '축복을 받았다'를 의미한다. 여호수아 19장 24~31절은 스불론과 납달리와 같이 두로 항구 근처의 북서해안에 살았으며 아셀에 대하여 좋은 이야기는 하나도 없다. 민족적인 순수성을 염려했던 이스라엘 백성의 눈에 그들은 외국인들과 지나치게 밀접한 관계를 가지고 부와 권력을 누렸기 때문일 것이다.

막내아들인 베냐민은 야곱이 사랑하던 라헬의 소생이었다. 창세기 35장에서 라헬은 아이를 낳다가 죽었다. 베냐민이라는 이름은 '아들'이라는 말과 '남쪽' 혹은 '오른손'이라는 말이 합쳐진 단어다. 베냐민은 가장 작고 약한 지파였으나 이스라엘의 역사에서 중요한 역할을 한다. 이스라엘의 처음 왕이었던 사울은 베냐민 지파였다. 이렇게 힘이 없는 지파에서 왕이 나왔다는 것 자체가 그의 왕권이 오래가지 못할 것이라는 것을 예고하고 있다.

야곱의 아들들의 이야기에는 이스라엘 지파의 이야기가 다 들어 있다. 그러나 이 이야기들에서 한 가지 확실해지는 것이 있다. 하나님은 자신의 목적을 이루시기 위해 인간의 욕심과 폭력, 분노와 미움을 통하여도 역사하신다. 하나님의 선택은 우리의 선택과는 자주 다르지만, 바로 그 사실이 우리에게 희망을 준다. 많은 약점에도 불구하고 우리가 하나님의 선택의 대상이 될 수 있기 때문이다.(John Holbert)

요약

야곱에게는 이스라엘 지파의 수와 같은 12명의 아들이 있었다.
4명의 여인들이 야곱의 아들들을 낳았다.
야곱의 장자는 르우벤이다.
시므온은 둘째아들이다.
땅을 받지 못한 레위 지파는 제사장의 임무를 맡았다.
메시아는 유다 지파에서 올 것이라고 하였다.
하나님의 선택은 우리의 선택과는 다르게 나타나는데, 이는 우리에게 희망을 준다. 비록 우리가 약해도 하나님의 선택의 대상이 될 수 있기 때문이다.

대화

야곱의 열두 아들들과 그들을 통하여 역사하시는 하나님의 목적에 대한 전체적인 인상은 어떠한가? 창세기 49장을 읽고 무엇을 깨달았는지 다시 검토하라.

■ 성경과 교재(50분)

요셉의 이야기가 창세기와 출애굽기를 어떻게 연결시키는지, 또 언약의 성취로서 이 연결이 얼마나 중요한지 토의하라. 세 사람을 한 그룹으로 하여, 요셉이 노예로 팔려가는 이야기(창 37장)를 다시 검토하고, 가족의 배경과 부모, 형제들을 기준으로 그 배경을 추적하라. 야곱의 젊은 시절과 요셉의 이야기에서 유사한 속임과 단절, 그리고 화해의 상황에 특별히 유의하라. 학생 교재 '말씀 속으로 - 꿈들'에 제시된 슬픔에 관련된 질문에 대하여 토의하라.

시편에서 요셉의 상황과 인내를 찾으라. 한 사람에게 시편 37편 1~9절을, 다른 사람에게 시편 130편을 큰 소리로 읽게 하라. 그룹의 절반에게 시편 130편을 읽고 자기들의 말로 옮기게 하라. 다른 그룹에게 시편 37편 1~9절을 읽고 묵상하게 하라. 각각의 그룹에서 두 명씩 짝을 지어 서로의 경험을 발표하라.

■ 휴식(10분)

■ 말씀과의 만남(25분)

창세기 41:1~43

조용히 본문을 읽고, 다음 질문들에 대해 생각하라. 무슨 일이 일어났는가? 처음 이야기를 들었던 사람에게 무엇을 말하고 있는가? 하나님에 대하여 저자는 무엇을 말하고 싶어 하는가? 이야기의 중요한 목적은 무엇인가? 이 이야기가 나의 삶에 미치는 의미는 무엇인가? 두 사람씩 짝을 지어 토론하라.

■ 세상 속으로(20분)

'세상 속으로'에 제시된 첫 번째 질문에 대한 응답을 들어보라. 하나님을 온전히 신뢰한다는 것과 하나님을 참고 기다린다는 것에 대하여 묵상하라. 몇 분 후에 돌아가면서 이야기하라.

조용히 '우리의 모습'을 읽으라. 성경의 관점에서 우리의 모습을 볼 때 무엇을 볼 수 있는지에 대하여 토의하라. 세 사람씩 짝을 지어, 이번 주간에 행할 사역에 영향을 미치는 하나님의 말씀에서 얻은 메시지와 이에 대한 응답을 나누라.

■ 마침 기도(10분)

• 금주의 기도 제목을 적으라.
• 영성 훈련을 위한 질문들을 주라.
  하나님이 공급하신다면 나의 책임은 무엇인가?
  하나님의 공급하심을 믿을 때 나에게는 어떤 것들이 변화되어야 하겠는가?
• 마침 기도를 하라.

08 | 선을 이루시는 하나님

■ 시작 기도(5분)

■ 이끄는 이야기(20~25분)

준비

창세기에서 빛을 환하게 발하는 이야기를 들어보라. 창세기에서 요셉의 이야기의 역할에 유의하라.

가족에 관한 이야기들은 우리가 어디서 왔으며, 현재 얼마나 복을 받은 상태인지를 알려 준다. 이번 과에서는 창세기에 있는 이스라엘 첫 가족의 마지막을 들려준다. 이야기를 들려주는 사람은 별개의 조상들의 이야기를 서로 엮어서 결합력 있는 한 가족, 아브라함과 이삭과 야곱과 그의 아들들과 그들의 아내들의 이야기로 만들었다. 처음부터 이 가족의 기사는 창세기 12장 3절에 나오는 빛을 환하게 발하는 이야기로 설명되었다. "너를 축복하는 자에게는 내가 복을 내리고 너를 저주하는 자에게는 내가 저주하리니." 창세기 12장부터 36장까지는 축복이 천천히 나타나고 있는 과정이다. 극적으로 쓰여 있기 때문에 독자들은 축복의 약속이라는 타는 불길을 보면서, 어떤 때는 즐거워하고, 때로는 놀라기도 한다. 이 불길은 아브람이 바로 앞에서 사래 때문에 거짓말을 할 때 위험스럽게 깜박거렸다. 또한 사라가 아이를 가질 수 없다고 했을 때와 모리아 산에서 아브라함이 이삭의 목에 칼을 댔을 때 위협을 받았다. 그리고 야곱이 어머니 리브가와 짜고 아버지의 축복을 받음으로 야곱과 에서의 미움이 나타났을 때 어두워졌다. 그러나 그 환하게 발하는 불빛은 결코 꺼지지 않았다. 하나님은 이 사람들에게 복을 주실 것이고, 모든 사람에게 복의 통로가 되게 만드실 것이다.

요셉과 그 형제들의 이야기로 이 가족의 이야기는 끝난다. 그러나 바로 이어서 축복의 약속은 그 완성을 향하여 움직인다. 이제 이스라엘은 이집트에서 시작하여 약속의 땅으로 나아가는 사막의 먼젓길에서 나타난다. 초기의 히브리 신학자들은 요셉의 이야기를 조상들의 이야기와 이스라엘 백성의 이야기가 시작되는 것의 연결부로 삼아, 가나안 정복이 아브라함에게 주신 땅과 나라의 언약을 이루는 것임을 명확히 하였다.

요셉의 이야기 자체는 참 지식과 거짓 지식 간의 투쟁이 되었다. 요셉을 포함하여 이야기에 나오는 모든 주인공은 참 지식으로 나아가게 하는 사건들을 만나게 된다. 창세기 42장에서 요셉은 처음으로 이집트에 곡식을 사러 온 형들을 알아봤을 때, 과거의 의미를 알게 되었다. 그러나 형들은 요셉을 이스마엘 사람들에게 팔아 버린 그날부터 그에 대하여는 잊어버렸다. 요셉은 그들을 정

탐꾼이라는 구실로 공포와 양심의 위기로 몰아갔지만, 그 압력은 형들에게 긍정적인 역할이 되기도 했다. 그들은 자신의 과거를 인정하면서 자기들이 누구인지를 알게 되었다. "우리가 아우의 일로 말미암아 범죄하였도다 …… 이 괴로움이 우리에게 임하도다 (창 42:21)." 요셉은 자기의 형들과 친형제인 베냐민에 대하여 더 알게 되었고, 마침내 울면서 "나는 요셉이라 내 아버지께서 아직 살아계시니이까?"라고 자신을 밝혔다. 이후에 그의 지식과 형들의 지식은 같아졌고, 그들은 구원이 하나님의 권능과 요셉의 신실함에서 비롯된 것임을 알게 되었다.

요셉 이야기의 절정은 50장에서 야곱이 죽은 후에 요셉이 자기들에게 원수를 갚을까 봐 두려워하는 데에서 나온다. 요셉은 "당신들은 나를 해하려 하였으나 하나님은 그것을 선으로 바꾸사 오늘과 같이 많은 백성의 생명을 구원하게 하시려 하셨나니(출 50:20)."라고 말하였다. 이 강력한 가르침은 요셉의 이야기와 많은 조상들의 이야기에서 환하게 빛을 내고 있다. 비록 어려움이 있었지만 하나님은 아브라함에게 하신 약속을 선하게 이루셨다.

"당신들은 나를 해하려고 하였으나 하나님은 그것을 선으로 바꾸사."는 무엇을 의미하는가? 하나님은 사람들의 실제적이고 악한 행위들을 통하여 하나님의 선하신 목적을 수행하신다는 것을 의미하는가? 어떻게 같은 일이 인간의 손에서는 악이 되고 하나님의 손에서는 선이 된다는 말인가? 이에 대한 대답은 쉽지 않다. 여기에 인과 관계는 없다. 하나님은 죄인들에게 요셉을 어렵게 하라고 하지 않으셨다. 그렇다고 부인도 하지 않으신다. 요셉은 실제로 하나님께 복을 받는 과정에서 유배와 비참함을 경험하였다.

"당신들은 나를 해하려고 하였으나 하나님은 그것을 선으로 바꾸사 …." 아마도 이에 대한 신학적인 해석은 유명한 피아노 연주자 레이블(Ravel)이 오른손을 잃었을 때, 왼손만으로 연주할 수 있는 콘체르트를 쓰는 임무를 맡게 되었다는 이야기로 대신할 수 있을 것이다. 조상들과 요셉의 형들은 그들의 죄로 하나님의 강한 오른손을 잘라 버렸지만, 하나님은 다른 손을 쓰셔서 선한 일을 하셨다. 하나님은 자신이 사랑하는 자들이 스스로 이해하고, 신실하게 되며, 축복의 열매를 맺도록, 하나님의 창조물인 인간이 내리는 비극적인 결정들 속에서도 계속 전진하실 수 있다.(W. Sibley Towner)

요약

이스라엘 선조들의 서로 다른 이야기가 엮여서 하나의 가족 이야기가 되었다.

축복에 대하여 환하게 빛을 발하는 내용은 창세기 12장 3절에 기술되어 있다.

요셉과 그의 형제들의 이야기로 창세기를 끝내면서 이스라엘이 나타나게 되었다.

초기의 히브리 신학자들은 선조들의 이야기와 요셉의 기사를 이용하여 이스라엘의 시초를 이야기해 주었으며, 가나안 정복은 아브라함에게 주신 하나님의 약속, 땅과 나라의 약속의 성취로 보았다.

대화

창세기의 대부분에서 환하게 불빛을 발하는 이야기는 무엇인가? 족장들과 약속의 성취와 관련하여 요셉의 이야기는 어떤 역할을 하는가?

■ 성경과 교재(50분)

창세기 전체를 돌아보면서 백성과 약속에 대해 생각해 보라. 약속에 관한 열두 곳의 성경 구절을 크게 읽으라. 12:1~3, 7; 13:14~17; 15:1, 5, 18~21; 17:1~8; 22:16~18; 26:24; 28:13~15; 35:10~12; 46:3~4. 세 개의 중요한 기사가 이스라엘의 선조를 소개한다. 아브라함(12:1~25:6), 야곱(25:19~35:21), 야곱의 아들(37:2~50:26). 서너 사람씩 짝을 이루어 각 그룹에게 각각의 이야기를 읽고 백성에 대해 생각하게 하라. 아브라함의 이야기로 시작하여 하나씩 순서대로 이름을 불러주라. 각각의 이야기에서 약속의 상태에 대하여 언급하라.

두 사람씩 짝을 이루어 첫째 날부터 넷째 날까지의 성경 본문과 자신이 기록한 내용을 살펴보라. 학생 교재에 있는 질문들에 대한 대답도 나누라.

서너 사람이 한 그룹이 되어 학생 교재에 있는 '하나님은 모든 것에 역사하신다' 부분을 읽고, 질문들에 대답하라.

■ 휴식(10분)

■ 말씀과의 만남(25분)
창세기 44:18~45:15

본문의 정황을 명확히 파악하라. 이야기하는 사람과 유다, 그리고 요셉의 역을 맡을 사람을 선정하라. 다른 사람들은 요셉의 형제가 된다. 이야기하는 사람과 유다, 그리고 요셉이 역할별로 읽는 것을 주의 깊게 들으라. 다음에는 두세 사람씩 짝을 이루어 유다와 요셉의 성격을 근거로 이해한 것들, 이 장면에서 느끼는 감정, 다른 형제들이 느낀 것들에 대하여 이야기하라. 어떤 새로운 이해를 하였는가? 이 이야기에서 하나님은 어떻게 역사하시는가?

■ 세상 속으로(20분)

우리는 어떻게 '우리의 모습'에 언급된 태도와 행동으로부터 '세상 속으로'가 제시하는 삶의 스타일로 나아갈 수 있는가? '세상 속으로'에 나오는 질문과 제의에 답하라.

이번 주간에 행할 사역에 영향을 미치는 하나님의 말씀에서 얻은 메시지와 이에 대한 응답을 서로 나누라.

■ 마침 기도(10분)

• 금주의 기도 제목을 적으라.

• 영성 훈련을 위한 질문들을 주라.
만약 내가 만나는 사람마다 "이 사람과 나는 상호의존적이다."라고 말한다면 무슨 일이 일어날까?
매일의 삶에서 내가 무엇을 해야 할까?

• 마침 기도를 하라.

09 | 노예생활

■ **시작 기도**(5분)

■ **이끄는 이야기**(20~25분)

준비

출애굽으로 이어지게 했던 여섯 명의 여인들에 대하여 들으라. 히브리 단어 '미르마(mirmah)'의 의미에 유의하라.

하나님은 출애굽기의 영웅이시다. 중심인물은 모세가 아니라 하나님이시다. 그러나 하나님은 인간을 동역자로 삼아 역사하신다.

출애굽의 초기 부분은 여인들을 통하여 역사하시는 하나님의 드라마다. 출애굽의 시대 상황을 생각하면 이것은 매우 중요하다. 고대 중동 사회에서 여성의 위치는 매우 낮았다. 여자는 아버지나 남편의 소유였다. 다처제는 보통이었고, 이혼은 매우 손쉬웠다. 그럼에도 출애굽의 드라마를 움직인 사람은 여인들이었다. 히브리인들을 억압하려는 바로의 계획은 산파였던 십브라와 부아, 그리고 모세의 어머니와 누이인 요게벳과 미리암에 의해 무산되었다. 모세는 태어나자마자 바로의 딸에 의해 구출되었고, 나중에는 그의 아내 십보라에 의해 구출되었다. 고대 세계에서는 낮은 신분이었던 여인들이 출애굽에서는 가장 중요한 인물들이었다.

이 여인들의 행동을 살펴보자. 두 산파는 히브리 여인들이 낳은 남자아이를 죽이라는 바로의 명령을 받았다. 그들의 이름인 '십브라'와 '부아'는 '공평한 자'와 '훌륭한 자'라는 의미다. 그들은 공평하고 훌륭했을 뿐 아니라 명석하였다. '산파들이 하나님을 두려워하여' 바로의 계획을 무시하고 히브리 사내아이들을 살렸다. 소환을 받아 왜 히브리 남자아이들을 살렸느냐는 질문에 "히브리 여인들은 이집트 여인과는 달라서 힘이 세고 산파가 가기 전에 아이를 낳습니다."라고 대답한다. 조금 우스운 이야기이기도 하다. 우리는 산파들이 빨리 오라는 연락을 받고 아기 낳는 과정을 도와주는 것으로 생각하고 있다. 그러나 이 말을 듣고 조금 어물거리다가 달려가면 늦어 버리게 된다는 말이다. 이 말을 좀 더 자세하게 풀어 쓰면, 십보라와 부아가 아기 낳는 곳에 달려가면 이미 아기를 낳았기 때문에 산파로서의 역할을 할 것도 없이, 그저 방문자로서 아기 낳은 것을 축하하고 돌아올 수밖에 없다는 것이다.

결과적으로 학살은 더 심해지고, 모든 히브리 남자아이들은 나일 강에 던져지게 되었다. 여기에서 다른 두 여인 - 요게벳(모세의 어머니, 출 6:20)과 미리암(모세의 누이, 출 15:20) - 이 등장한다. 요게벳은 아들을 낳은 후에 석 달 동안 키우다가 나일 강에 던졌다

(어쨌든 바로의 명령을 지키기는 하였다). 미리암은 좋은 장소에서 엿보고 있다가 바로의 딸이 목욕하러 오는 것을 보았다. 공주는 우는 아이를 보고 불쌍히 여겼다. 이 우는 아이, 그것도 히브리 아이를 어떻게 할 것인가? 그러나 미리암이 등장하면서 이 딜레마는 해결되었다. "내가 가서 당신을 위하여 히브리 여인 중에서 유모를 불러다가 이 아기에게 젖을 먹이게 하리이까(출 2:7)." 아이를 원래의 어머니에게 키울 수 있도록 하면서 공주를 확신시키는 미리암의 능력을 주목하라. 공주는 미리암의 판단을 믿었고, 그 제의대로 행하였다. 중동의 아이를 양자 삼는 관습대로 요게벳은 그의 유모가 되었고, 공주는 그에게 돈을 지불하였으며, 나중에 아이를 공주에게 보냈다. 결국 아이는 공주의 양자가 되었으며, 공주는 그를 모세라 이름 지었다.

비록 초기의 히브리 역사는 족장들을 중심으로 이루어졌지만 이 이야기를 움직이는 것은 여인들의 행동이었다. 출애굽기의 처음 두 장에서 핍박에 창조적으로 대응하는 여인들의 행동은 무엇을 말해 주는가? '소극적 저항'이라든지 '법률 위반'이라는 용어가 떠오르지만, 이것들은 이 이야기의 근본 동기인 '현명함'을 반영하는 근대적인 용어들이다.

속이는 것은 타인을 다른 방향으로 이끌거나 계교로 거짓을 참으로 듣게 한다는 것이다. 히브리 단어의 '속이다'는 미르마(mirmah)인데, 이는 내던지거나 넘어뜨린다는 의미다. 구약은 미르마가 옳지 않다고 가르친다. 족장들의 이야기에서 아브라함과 이삭은 아내를 누이라고 하여 이방의 왕들을 속였다. 나중에 리브가는 야곱에게 아버지 이삭을 속이게 하여 에서의 축복을 훔치게 하였다. 그래서 야곱은 '속이는 자'라는 별명을 가지게 되었다. 가족이나 동료 또는 자비로운 지배자를 속이는 것은 관계를 배신하고 신뢰를 저버리는 것이다. 이것은 하나님의 방법이 아니다. 하나님의 방법은 진실하고 믿을 수 있다.

그러나 성경은 미르마, 즉 속임이 괜찮다고 말하기도 한다. 핍박의 시대에서 속임은 그 성격이 다르다. 이것은 교묘함, 명석함, 심지어는 지혜가 되기까지 한다. 압제자를 속이는 것은 영웅적인 행동이다. 다음과 같은 방법으로 그림을 그릴 수 있다. 수평축에는 사람들이 율법이나 언약 관계에서 동등하게 산다. 지배하는 권력은 공평과 정의로 지배하고 자유가 존재한다. 이 수평축에는 속임과 계교는 금지되어 있다.

그러나 역사에는 지배자가 자신들을 신들로 높이는 슬픈 기간이 있었다. 그들은 압제자가 되어 자유를, 특별히 하나님께 예배드리는 자유를 빼앗아갔다. 그들은 스스로를 높여 수직축을 만들었다. 이러한 때에는 압제자들에 대한 창조적인 대처가 필요하다. 어떤 것들이 보통의 경우엔 속임수가 되고, 압제하는 세력에 대항

하면 옳고 맞는 일인가? 제2차 세계대전 때에 나치들이 내린 명령에 대한 덴마크 왕의 대처는 그 한 예가 될 수 있다. 나치는 모든 유대인들에게 가슴에 노란색 다윗의 별을 달도록 명령하였다. 덴마크의 왕은 그 편지에 있는 법을 지켰으나, 모든 덴마크 사람들에게도 똑같은 별을 달게 함으로써, 그 법의 핍박하는 정신을 없애 버렸다. 같은 방법으로 십보라와 부아, 요게벳, 미리암은 고귀하게 행하였고, 지혜 있게 대답하였다. 그들은 스스로 하나님의 드라마에서 역사하는 것처럼 행동하는 가짜 '권위'에 상처를 냈다. 출애굽기에서 모세와 여인들을 통하여 이루신 하나님의 역사는 참으로 놀랍다. 하나님께 감사하라. 하나님은 승리하셨다.(Celia Brewer Marshall)

요약

출애굽기의 앞부분은 여인들을 통해 역사하시는 하나님의 드라마다.

핍박에 창조적으로 대응한 이 여인들의 행동은 무엇을 말해 주는가?

· '속이다'라는 의미가 있는 히브리어 단어 '미르마(mirmah)'는 '던져 버리다' 또는 '걸려 넘어지게 하다'라는 뜻이다.
· 구약은 미르마가 괜찮다고 하지 않았다.
· 그러나 어떤 때는 속임을 의미하는 미르마가 괜찮다고 말하기도 한다.

다른 사람들을 겨냥했을 때는 속임이 되는 것이, 핍박하는 힘에 대항하는 경우에는 정당화된다.

대화

출애굽에 결정적 역할을 하였던 여섯 여인들을 어떻게 설명하는가? 미르마는 무엇을 의미하는가? 속임수가 어떤 때는 용납되고, 어떤 때는 용납되지 않은 것에 대해 어떻게 생각하는가?

■ 성경과 교재(50분)

몇 가지 정보가 출애굽 과정의 정황을 설명한다. 세 그룹으로 나누어 다음 과제를 수행하게 하라. 그룹 1: 출애굽의 역사적인 배경과 내용의 특성, 구조를 성경책에 수록된 개요나 한 주간 기록하였던 내용에서 확인하라. 출애굽기 1장 1~18절의 제목들을 훑어보고 주요 인물들과 장소, 사건들을 찾아내라. 그룹 2: 출애굽기 19~40장의 주요 인물들과 장소, 사건들을 찾아내라. 그룹 3: 출애굽기에서 하나님의 정체성을 확립하는 것이 중요하다. 출애굽기 1~11장에서 하나님이 스스로를 나타내시는 곳을 찾으라. 각각의 이름과 몇 번 나타나는지를 찾으라. 각각의 이름이 나타나는 정황에 주의를 기울이라. 왜 특별한 이름을 사용하였고, 저자들이 확립하려고 했던 관련성은 무엇인가? 각 그룹의 연구 결과를 들으라.

학생 교재에 기록된 이집트의 노예 제도(오 주여, 언제까지이니이까?)와 하나님과 이집트 신들의 대결(권력에 대한 도전), 그리고 권력 유지(마음이 강퍅해짐) 등에 대해 조사하라. 어떻게 이러한 요인들이 서로 합쳐져서 모두가 관련된 두려움을 만들어 냈는가?

■ 휴식(10분)

■ 말씀과의 만남(25분)
출애굽기 11장

본문을 큰 소리로 읽으라. 그리고 각자 다음 질문들에 대한 대답을 준비하라. 하나님에 대하여 무엇을 말하는가? 사람들에 대하여 무엇을 말하는가? 하나님과 사람들의 관계에 대하여 무엇을 말하는가? 서너 명씩 그룹을 지어 토의하라.

■ 세상 속으로(20분)

다음과 같은 질문들을 이용하여 '우리의 모습'에 나오는 문장들을 하나씩 생각해 보라. 이 문장들이 진실을 말하고 있는가? 이것들을 뒷받침하는 예(例)가 있는가? 순종하는 영성 훈련을 실습하는 것이 어떤가?

학생 교재 '세상 속으로'에 제시된 질문에 답하라. 이번 주간에 행할 사역에 영향을 미칠 하나님의 말씀에서 얻은 메시지와 그 응답을 서로 나누라.

■ 마침 기도(10분)

• 금주의 기도 제목을 적으라.
• 영성 훈련을 위한 질문들을 주라.
  하나님의 말씀을 통하여 어떻게 하나님의 음성을 들을 수 있는가?
  하나님의 말씀과 묵상을 통하여 하나님은 나에게 무엇을 하라고 부르시는가?
• 마침 기도를 하라.

10 | 불 속에 나타나신 하나님

■ **시작 기도**(5분)

■ **이끄는 이야기**(20~25분)

준비

우리가 어디로, 어떻게 이동할지에 대하여 하나님의 말씀을 들어야 할 필요가 있음에 유의하라.

성경을 이해하려고 노력할 때마다 '이 구절에서 하나님은 어떤 길로 나아가시는가?' 를 질문하는 것이 도움이 된다. 하나님은 지금 현상 유지를 요구하고 계시는가, 아니면 변화를 요구하고 계시는가? 하나님은 성경의 주인공이시기에 하나님이 어디로 움직이시는지를 아는 것이 중요하다. 하나님이 우리에게 원하시는 것이 무엇인지를 알기 위하여 하나님의 지시를 따르는 것이 중요하다.

출애굽기 3~4장에서 하나님은 어디로 가고 계시는지를 알아보자. 하나님은 이집트에서 노예로 고생하는 이스라엘 백성의 현 상태를 긍정하려고 하지 않으셨다. 대신에 압제를 반대하시고 핍박받는 이스라엘을 해방시키기 위하여 부르신다.

출애굽기 3~4장에서 이스라엘 백성의 하소연을 개인적으로 들으시고, 그들의 사정을 변화시키려는 하나님을 만날 수 있다. 하나님은 고통 받는 그들과 함께하려 하셨다. 예를 들어 출애굽기 3장 7~8절에서 하나님은 모세에게 "내가 애굽에 있는 내 백성의 고통을 분명히 보고 그들이 그들의 감독자로 말미암아 부르짖음을 듣고 그 근심을 알고 내가 내려가서 그들을 애굽인의 손에서 건져내고 그들을 그 땅에서 인도하여 아름답고 광대한 땅, 젖과 꿀이 흐르는 땅 곧 가나안 족속, 헷 족속, 아모리 족속, 브리스 족속, 히위 족속, 여부스 족속의 지방에 데려가려 하노라."고 말씀하셨다.

다시 말하면, 출애굽기에서 만나는 하나님은 이스라엘의 상황을 아시고, 부르짖는 백성과 함께하시며, 그들을 압제에서 이끌어내시려는 하나님이다. 출애굽기에서 만나는 하나님은 우리의 이름을 부르시고, 압제받는 자들을 해방시키는 일에 동참하라고 초대하시는 하나님이다.

예를 들어, 모세가 장인의 양을 먹이려고 사막 뒤쪽에 있을 때에 하나님은 불타는 숲에서 그를 부르셨다. "모세야, 모세야!" 모세는 "내가 여기 있나이다."라고 대답하였다. 그리고 하나님은 모세에게 말씀하셨다. "이제 내가 너를 바로에게 보내어 너에게 내 백성 이스라엘 자손을 애굽에서 인도하여 내게 하리라."(출 3:10)

성경은 하나님이 가시는 길을 보여 줄 뿐만 아니라, 우리가 하나님의 진정한 자녀라면 하나님과 함께 가는 것이 중요하다고 말

한다. 즉 하나님은 오늘도 정의와 해방을 위하여 계속 투쟁하시며, 그곳에 같이 가자고 우리를 부르신다는 것이다.

그러므로 또 하나의 중요한 질문은 '오늘 우리에게 다가오시는 하나님의 부르심을 들을 수 있는가?' 다. 우리는 가끔 출애굽기 3장 2절에 나오는 불타는 수풀에 관한 이적에 대하여 말한다. 그러나 이 이야기에서 가장 중요한 기적은 하나님이 불타는 수풀 속에서 모세를 불렀다는 사실이 아니라, 사막 한가운데 불타는 수풀 속에서도 하나님의 말씀을 들을 수 있는 모세의 예민하고 열린 마음이다.

오늘 이 시끄러운 시대에는 듣는 능력이 거의 사라져 버린 것 같다. 어떤 사람은 오늘날을 '끝마치지 못한 문장'의 시대라고 말하기도 한다. 우리는 대화 도중에 나의 말을 하거나 내 의견을 발표하고 싶어서, 다른 사람이 말을 하다가 숨을 쉬는 순간에 강박관념이 있는 사람처럼 재빨리 끼어들곤 한다.

하나님이 우리에게 하나의 입과 두 개의 귀를 주셨으니, 우리는 말하는 시간의 두 배만큼 남의 말을 들어야 한다고 말하는 사람도 있다.

믿음의 사람으로서 우리는 모세처럼 말하는 데 어려움이 있다. 우리를 이름으로 부르시는 하나님께서는 우리에게 하나님의 자녀들을 인종편견주의, 성차별주의, 연령차별주의, 계급주의, 물질주의, 군사주의 등의 모든 종류의 압제에서 해방시키는 데 참여하라고 초대하신다.

우리는 형제자매의 부르짖음을 통하여 하나님의 말씀을 들으라는 부르심을 받았다. 그러므로 우리는 세상의 아우성을 들어야 한다. 실제로 믿음의 사람은 듣지 않으면 하나님의 말씀을 들을 기회를 놓칠 수도 있으므로, 어디에 가든지 쉬지 않고 계속 들어야 한다. 하나님께 듣는 것을 멈추었다는 것은 죽음을 의미할 수도 있다. 예수님의 말씀을 기억하라. "사람이 떡으로만 살 것이 아니요, 하나님의 입으로부터 나오는 모든 말씀으로 살 것이라 하였느니라."(마 4:4)

하나님이 우리를 부르실 때 우리가 듣기를 멈추면, 하나님이 오늘 주시는 구원의 가능성에 대하여 죽게 된다. 그러나 모세는 하나님의 부르심에 답하여 "내가 여기 있나이다."라고 대답함으로써 하나님과 동행하는 것이 무엇인지를 경험하였고, 하나님과 함께하는 복되고 도전적인 삶을 살았다.

마찬가지로 하나님이 지시하시기 전까지는 무엇을 할지 무슨 말을 해야 할지 모르므로, 교회는 설교하는 교회나 봉사하는 교회가 되기 이전에 먼저 듣는 교회가 되어야 한다. 진실로 우리는 흑인들의 영가에 나오는 고백처럼 '듣는 자세'를 받아들여야 한다.

"그가 부르시면 내가 대답하리라 (3×)

내 이름을 부르시는 그곳에 내가 있으리라
즐거운 마음으로 내가 대답하리라 (3×)
내 이름을 부르시는 그곳에 내가 있으리라
그가 부르시면 너는 대답하려느냐? (3×)
네 이름을 부르시는 그곳에 너 있으려느냐?"(Zan Holmes)

요약
하나님은 성경의 주인공이시다.
우리는 하나님의 명령을 받는다.
출애굽기 3~4장에서 우리는 핍박을 반대하고 자유로 이끄시는
하나님을 만난다.
교회는 말씀을 선포하는 교회나 봉사하는 교회가 되기 이전에
먼저 듣는 교회가 되어야 한다.

대화
출애굽기 3~4장에서 우리는 어떤 하나님을 만나는가? 하나님
은 어디에서 활동하시며, 우리는 하나님과 같이 어디로 나아가야
하는가?

■ 성경과 교재(50분)
함께 둘러앉아 모세를 부르신 이야기를 들은 후, 섬기라는 하나
님의 부르심에 대하여 토의하라. 이야기를 시작하고 여럿이 덧붙
임으로 이야기를 완성시키라. 다 끝난 후에 출애굽기 3~4장을 읽
으라. 내용을 세밀히 살펴보라. 부르시는 하나님과 우리의 반응에
토의를 집중하라. 다음 질문들을 이용하라. 하나님은 우리를 부르
실 때, 개개인의 이름을 부르신다는 것이 무엇을 의미하는가? 음
성을 듣지 못한다면, 어떻게 우리는 하나님의 부르심이 개인적이
라고 말할 수 있는가? 오늘날 하나님은 어떻게 역사에 개입하시
는가? 하나님은 인간을 통하지 않고도 역사하실 수 있는가? 그렇
게 역사하신 적이 있는가?
학생 교재(모세의 반응)를 참고하여, 하나님과의 개인적인 만남
을 두 명씩 짝을 지어 이야기하라. 이사야, 예레미야, 에스겔의 부
르심을 살펴보고, 모세의 부르심과 비교하라. 세 그룹으로 나누어
다음 과제를 제시하라. 그룹 1, 이사야: 셋째 날의 성경 본문과 기
록한 내용, 학생 교재(도시에 사는 선지자)를 이용하라. 그룹 2, 예
레미야: 넷째 날의 성경 본문과 기록한 내용, 학생 교재(마을의 한
소년)를 이용하라. 그룹 3, 에스겔: 다섯째 날의 성경 본문과 기록
한 내용, 학생 교재(외국에 유배된 자)를 이용하라. 정황과 부르심의
이유, 부르심의 시급함, 부르심에 대한 저항, 그리고 결국에 가서
는 부르심에 응답하는 것 등과 관련하여 모세의 부르심과 각 선지

자들의 부르심의 유사점과 차이점을 찾아보라.

■ 휴식(10분)

■ 말씀과의 만남(25분)
에스겔 1:28~3:11
본문을 큰 소리로 읽으면서 따라 읽게 하라. 그리고 개인적으로
깊이 연구하면서 다음과 같은 사항을 적으라. (1) 이 구절의 주요
사상 (2) 이 구절이 오늘날 교회에 주는 의미 (3) 이 구절의 개인적
인 의미. 짝을 지어 기록한 것들에 대하여 나눈 다음, 나의 삶에서
무엇을 변화시켜야 할지 토의하라.

■ 세상 속으로(20분)
'우리의 모습'을 읽고 각자 자신의 말로 다시 쓰게 하라. 둘씩
짝을 지어 다음 질문들을 중심으로 토의하라. 나의 관점에서 치러
야 할 값은 무엇인가? 섬기라는 부르심을 받아들이면 어떤 일들
이 벌어질까? 부르심에 응답하지 못하게 하는 저항 요소들은 무
엇인가?
다른 사람과 그룹을 만들어 하나님이 부르실 때 어떻게, 그리고
어디에 사용될 수 있을지 이야기하고, 나의 반응은 어떨지 함께
나누라. 하나님의 부르심은 어떻게 나에게 오는가?
이번 주간에 행할 사역에 영향을 미칠 하나님의 말씀에서 얻은
메시지와 그에 대한 응답을 돌아가면서 읽으라.

■ 마침 기도(10분)
• 금주의 기도 제목을 적으라.
• 영성 훈련을 위한 질문들을 주라.
  하나님의 인도하심을 느끼는 시간이나 상황은 언제인가?
  하나님의 말씀을 듣는 가장 효과적인 방법은 무엇인가?
• 마침 기도를 하라.

11 | 바다를 가르시는 하나님

■ 시작 기도(5분)

■ 이끄는 이야기(20~25분)

준비

유대인의 구원 이야기, 기독교의 구원 이야기, 그것들의 관심사와 공통점에 유의하라.

출애굽기 14장에 기록된 이야기는 출애굽 이후의 모든 세대가 그들 자신의 구속 이야기로 기억한다. 기독교인들도 유대인들과 같이 이 이야기를 이어받았지만, 구속의 메시지는 예수 그리스도의 죽음과 부활의 이야기를 통해 찾는다. 유대인들이 절기를 지키면서 구속의 의미를 새기듯이, 기독교인들도 복음서의 사건들을 통하여 함께 구원에 참여한다.

랍비 스티븐 훅스(Stephen Fuchs)

한때 우리는 이집트의 노예였으나 하나님은 우리를 자유롭게 하셨다. 속박에서의 해방은 유월절의 의미일 뿐 아니라 유대인들의 사상과 삶을 계속 지배하는 주제다.

매주 우리는 기쁨의 상징인 포도주를 놓고 특별한 기도를 하면서 안식일을 맞는다. 키더시(kiddush)라고 부르는 이 기도는 두 가지 역사적인 사건, 즉 천지창조와 출애굽을 기억하는 것이다.

이스라엘 사람들은 공동 예배로 모일 때마다, 출애굽기 15장 11절에 나오는 갈대의 바다를 안전하게 건너 모세와 이스라엘 백성이 찬양했던 노래를 부른다. "여호와여 신 중에 주와 같은 자 누구니이까? 주와 같이 거룩함에 영광스러우며 찬송할 만한 위엄이 있으며 기이한 일을 행하는 자 누구니이까?"

물론 우리의 자유를 위해 비싼 값을 치렀다. 이집트의 처음 난 자들이 죽었고, 바로의 군사들은 갈라졌던 바닷물이 다시 합쳐지는 바람에 물에 빠져 죽었다. 성경 이후의 율법과 전승을 담은 탈무드는 이집트의 병사들이 물에 빠져 죽을 때, 하늘의 천사들이 환호의 노래를 불렀다고 전한다. 그러나 하나님은 그들을 잠잠케 하시면서 "나의 창조물이 죽어 가고 있다. 어떻게 찬양을 부를 수 있는가?"라고 물으셨다.(산헤드린 39B)

이 이야기의 가르침은 확실하다. 우리는 구원을 즐거워할 수는 있지만, 적들의 죽음을 기뻐해서는 안 된다.

유월절에 우리는 구원의 이야기를 다시 들려줄 뿐 아니라 세더 (seder)라는 음식을 먹으면서, 이를 재현한다. 세더를 먹는 것은 세대를 막론하고 모든 사람이 직접 이집트에서 나온 것을 느껴야 한다는 것을 상기시킨다.

왜 우리는 이 여정을 우리의 것으로 여기면서 고통을 겪어야 하는가? 우리를 압제하는 굴레가 어떤지를 더 잘 이해하기 위해서다. 지금 속박당하고 있는 사람들을 해방시키기 위해 헌신할 수 있게 하려는 것이다.

우리는 한때 잘 먹지 못하고, 변변치 않은 집에서 살았으며, 헐벗었던 노예들이었다. 그러므로 오늘날 굶주리고, 집이 없으며, 가난한 자들을 자유롭게 하기 위하여 일할 때에 우리는 비로소 나의 자유를 축하하는 것이 된다.

이것이 우리 구원의 교훈이었다. 우리는 모든 노력을 기울여서 자유롭고, 독립적인 인간으로서의 존엄성을 부인하는 것에 저항하여야 한다. 우리는 또한 노예 제도가 어떤 것인지를 알기 때문에, 우리의 자유와 달란트를 사용하여, 다른 사람들도 우리가 매년 경험하는 여정, 즉 구속에서 자유로, 고뇌에서 기쁨으로, 어둠에서 빛으로, 종살이에서 구속으로의 여정을 경험할 수 있게 해야 한다.

윌리엄 윌리몬(William Willimon)

기독교인들과 유대인들은 출애굽과 같은 이야기들을 공유함으로 많은 공통점이 있다. 그러나 기독교인들에게 정말 중요한 이야기는 예수님의 죽음과 부활이다. 기독교인들은 누구인가? 예수님의 죽음과 부활의 이야기를 듣고 믿는 사람이라고 해도 과언은 아니다.

예수님의 죽음에 관한 이야기가 놀랍지는 않다. 예수 같으신 분이 배척받고, 적의를 만났다는 것도 그리 놀라운 일은 아니다. 어쨌든 우리는 세상에서 안정된 자들에게 도전하고, 권세에 의문을 갖는 선지자들이 어떻게 되었는지를 안다. 예수는 단지 로마인들이 유대 지역을 정복하기 위하여 처형한 수많은 유대인들 중 하나일 뿐이다. 그러나 예수는 자신을 고문하는 사람들조차도 용서해 달라고 하나님께 기도하셨다. 그는 살아 있을 때와 같이 다른 사람들을 사랑하고, 용서하고, 복을 빌고, 저주하지 않으며 죽으셨다.

죽음에 임한 그의 행동은 고귀했으며, 십자가는 그 이야기의 끝이 될 뻔하였다. 그는 대선지자로, 현명한 랍비로, 고귀한 순교자로 기억될 뻔하였다. 실제로 예수를 따르는 자들도 이것이 끝이라고 생각하였다. 모든 복음서는 그들이 슬픔에 잠겨 집으로 돌아갔으며, 원래의 상태로 돌아갔다는 데 동의한다.

그러나 부활주일에, 여자들은 마지막으로 시신에 경의를 표하기 위하여 무덤에 갔을 때 그의 시신이 없는 것을 보고 놀랐다. 그는 살아나신 것이다. 그리고 다음 몇 주간 그는 이상하고, 놀랍고, 기대치 않았던 방법으로 제자들에게 나타나셨다. 이 말이 제자들

사이에 퍼지게 되었다. 하나님께서 예수를 죽음에서 살리셨다.

부활주일에 비추어 기독교인들은 예수의 이야기를 전혀 새로운 방법으로 읽는다. 그의 죽음은 실패가 아니었고, 오히려 하나님의 큰 승리였다. 그의 십자가 고난은 남을 위한 것이었고, 세상의 모든 죄와 죽음을 없애는 수단이었다.

부활주일의 관점에서 볼 때 기독교인들은 이스라엘의 지난 경험들(구약이라고 부르는)을 예수의 죽음과 부활을 증명하는 이야기로 보게 되었다. 기독교인들은 하나님이 출애굽을 통하여, 선지자들의 입을 통하여, 이스라엘을 선택하고 땅을 주신 것 등을 통하여 이스라엘 백성에게 행하신 것보다 예수님의 이야기에서 더 경이롭게 행하셨다고 생각한다. 과거에 여러 가지 방법들로 그의 백성에게 나타나셨던 것보다 예수님의 부활에서 하나님은 더 특별하고 경이적으로 나타나셨다. 더욱 놀라운 것은, 초대 기독교인들이 이제는 부활을 과거 이스라엘에게만 주어진 약속이 아니라 예수 안에서 전 세계에 주어진 표적으로 보게 되었다는 것이다.

이 부활의 이야기를 믿는 사람들은 예수 안에서 상처받고 죽어가는 세상과 자기를 화해시키시는 하나님을 보았다. 예수 안에서 하나님의 하신 일을 증거하는 기독교인들은 가장 어두운 인간의 역사도, 그리고 우리의 무시무시한 죄도 하나님이 그의 사랑하시는 목적으로 만들어 가실 수 있다는 믿음을 소유하였다. 우리의 죄와 죽음으로 스스로 할 수 없었던 것을 하나님이 은혜롭게 개입하셔서 예수 안에서 우리를 위해 이루셨다.

성금요일과 부활절 이야기를 유대인과 기독교인은 서로 다르게 이해한다. 그러나 기독교인의 관점에서 이는 적어도 서로 결합할 수 있는 하나의 원천이기도 하다. 이스라엘은 우리에게 구원하시는 하나님에 대하여 가르쳐 주었다.

훅스

기독교인과 유대인의 대화에 커다란 오해가 있다고 생각한다. 그것은 유대교는 구약을 기본으로 하고, 기독교는 구약과 신약을 기본으로 한다는 생각이다. 오히려 내 생각으로는 두 전승 모두 구약을 기본으로 하고, 기독교인들이 신약과 교부들의 가르침, 중세의 신학, 그리고 현대의 사상에 이르기까지 발전을 거듭한 것과 마찬가지로, 유대교 역시 미쉬나나 탈무드, 율법과 경전에 대한 많은 주석과 해석으로 더불어 발전해 왔다고 보는 것이 좀 더 정확하다고 생각한다.

윌리몬

사실 구약/신약이라고 부르는 것이 오해를 가져올 수 있다. 신약이 구약보다 중요하다느니, 구약은 필요 없다느니 하는 생각들이 바로 그것이다. 오늘날 하나님의 부르심을 즐기는 많은 교회들도 구약, 즉 히브리 성경도 역시 우리의 성경이며, 살아 있는 성경이라는 것을 기억해야 한다. 구약을 설교하거나 해석하지 않음으로 기독교인들은 구약에 관심이 없다는 인상을 주어서는 안 된다. 또 한 가지 잊지 말아야 할 사실은 예수님은 복음서에서 신실한 유대인으로 나타나셨다는 것이다. 그와 그의 가족은 성전 의식에 참여하였고, 회당에 다녔으며, 랍비라 불렸다. 그러므로 구약성경도 우리 신앙의 살아 있는 아주 중요한 부분임을 상기해야 한다.

훅스

예수가 신실한 유대인이었다는 것은 많은 학자들이 토론해 오는 것 중 하나다. 중요한 것은 유대인들은 기독교인들이 예수를 받아들이는 것처럼 예수를 이해하지 않는다는 것이다. 우리에게 예수는 메시아가 아니며, 그저 살았었고 믿었던 사람이다. 그러나 우리에게는 예수가 이루지 못한 메시아적인 기대가 있다. 우리는 메시아를, 로마 정부로부터 핍박을 끝내고, 하나의 이스라엘로 다윗의 왕가를 회복시키며, 모든 포로를 되돌아오게 하며, 더 중요한 것은 온 세상에 평화와 조화가 넘치게 할 자로 생각한다. 기독교인들이 예수가 이 새로운 희망에 맞도록 메시아적인 기대를 변화시키지 않았는가?

윌리몬

아마 신약에서도 그렇게 말할 수 있을 것 같다. 그 과정이 일어나고 있었다. 기독교인들은 아직도 예수께서 진실로 오랫동안 기다리고 희망하던 메시아라는 것을 믿는다. 그러나 기독교인들은 "만약 예수님이 구세주라면 왜 세상이 구원받은 것 같지 않은가?"라는 질문을 귀담아들을 필요가 있다.

훅스

나에게 중요한 것은, 우리가 똑같게 되거나 내 생각을 다른 사람에게 확신시키는 것이 아니라, 서로를 이해하고 서로를 존경하면서 시작해야 한다는 것이다. 사람들은 항상 나에게 "예수에 대하여 어떻게 생각하느냐?"라는 질문을 한다. 나는 예수를 따르는 자들에 따라서 그 대답이 달라진다고 생각한다. 한 사람이 예수의 영향을 입었다고 말하면서 선한 삶을 살고, 더 좋은 세상을 만든다면 그 대답은 긍정적이 된다. 그러나 불행한 역사에서 보는 것처럼, 신실하게 예수를 따른다고 하면서 유대인을 치거나 미워하거나 핍박한다면 그 인상은 당연히 부정적이 된다. 즉 예수의 추종자들이 어떻게 살고, 예수를 어떻게 보느냐는 것이 유대인들이 예수를 어떻게 생각하느냐에 영향을 미칠 것이다.

윌리몬

기독교인들에게 좋은, 그리고 정직한 도전이 되는 이야기다. 아마도 당신과 나는 지난 2,000년 동안 일어난 기독교인들의 유대인 핍박에 대하여 대화를 하고 있다고 생각한다. 그러므로 기독교인들은 예수님의 민족에게 행한 것들에 대하여 회개하는 마음으로 이 대화에 임해야 한다고 생각한다.

훅스

그러나 미래에는 희망이 있다고 생각한다. 기독교인들이 성경 이후의 많은 유대인 자료를 이해하는 것이 중요하듯 유대인들도 기독교인들의 문서나 사상을 아는 것이 중요하다고 생각한다. 우리는 서로를 자신의 사람으로 개종시켜야겠다는 생각 없이 서로의 가르침을 감사하게 받아들일 수 있다고 생각한다.

윌리몬

만약 당신이 나에게 "기독교인들에게 구원이 무엇인가?"라고 묻는다면 나는 "예수의 삶과 가르침과 죽음과 부활 안에서 우리가 그의 일부가 되는 것이다."라고 말할 수 있다. 당신들에게 구원이란 무엇을 의미하는가?

훅스

우리에게 구원이란 출애굽으로 돌아가 우리가 하나님께 빚진 자라는 것을 깨닫는 것이다. 하나님은 우리에게 이 세상을 좀 더 나은 곳으로 만들기 위하여 자신의 재능이나 능력을 사용하기를 원한다. 그것이 언제나 우리의 목적이었다.

요약

유대인들의 이야기 : 유대인들의 사상과 생활에서 노예로부터의 해방은 가장 중요한 주제다.

키더시(kiddush)는 두 가지 역사적인 사건들 – 천지창조와 이집트로부터의 탈출 – 을 상기시킨다. 유월절에 우리는 구원의 이야기를 다시 들려줄 뿐만 아니라 '세더(seder)' 의식을 통하여 다시 한 번 되새긴다.

기독교인들의 이야기 : 기독교인은 예수의 죽음과 부활의 이야기를 듣고 또한 믿는 사람이다. 성금요일과 부활절의 이야기를 유대인과 기독교인들은 서로 다르게 이해했다. 그러나 또한 가장 강

한 접점이기도 하다. 이스라엘은 우리에게 구원하시는 하나님에 대하여 먼저 가르쳐 주었다.

대화

유대인의 구원 이야기는 무엇이며, 그 교훈은 무엇인가? 기독교의 구원 이야기는 무엇인가? 부활은 기독교인들이 성경을 읽는 데 어떻게 영향을 미치는가? 기독교인과 유대인이 함께하는 목적은 무엇인가?

■ 성경과 교재(50분)

이 과의 주제인 구원에 유의하라. 출애굽기 14장을 조용히 읽고, 이스라엘을 구원하시는 하나님의 역사를 나열하라. 셋째 날에 성경을 읽으며 기록한 내용을 사용하라. 세 사람씩 짝을 지어 각자 찾아낸 것들과 다음 질문들을 중심으로 토의하라. 이스라엘을 구원하기 위하여 하나님이 하신 일은 무엇인가? 하나님은 어떻게 다른 사람들을 통하여 역사하시는가? 이 이야기에서 하나님의 모습은 어떠한가?

두 명씩 짝을 지어 유월절 사건과 하나님의 역사, 그 역사에 관련된 이미지와 상징, 그리고 이 사건을 계속 들려주는 것의 중요성에 대하여 생각나는 대로 이야기하게 하라. 첫째 날과 둘째 날에 기록한 내용을 참고하라.

시편 106편을 읽으면서 하나님의 신실하심과 인간의 반복되는 죄를 기억하라. 창세기에서 공부했던 것을 기억하라. 안식일을 기억하게 하는 역사시를 쓰고, 그룹에서 발표하라.

■ 휴식(10분)

■ 말씀과의 만남(25분)
출애굽기 15:1~21

이스라엘 백성을 보전했던 기억으로서 출애굽기 15장 1~21절을 읽으라. 둘씩 짝을 지어 이 구절에 대해 주의 깊게 생각하고, 다음 질문들을 토의하라. 이 사람들은 어떤 사람들인가? 어디서 왔고 어디로 가는 사람들인가? 어떤 의미에서 이 기억이 기독교인들에게도 우리는 누구이며, 어디서 왔다가 어디로 가고 있는지를 말해 주는가?

■ 세상 속으로(20분)

'우리의 모습'을 큰 소리로 읽으라. 어떻게 우리는 값을 치를 각오를 하고 새로운 방향으로 나아가거나 새로운 자유를 경험하는 위험을 무릅쓰게 되는가?

학생 교재 '세상 속으로' 의 처음 문단의 질문에 답하라. 그리고 다음 문단에 있는 질문에 대해 토의하라.

이번 주간에 행할 사역에 영향을 미칠 하나님의 말씀에서 얻은 메시지와 그에 대한 응답을 서로 나누라.

■ 마침 기도(10분)

• 금주의 기도 제목을 적으라.

• 영성 훈련을 위한 질문들을 주라.

  영적인 생활에 집중하기 위해 내가 금해야 할 것은 무엇인가?

  영적으로 자라는 데 시간을 들이거나 집중하는 데 방해가 되는 것은 무엇인가?

• 마침 기도를 하라.

12 | 하나님이 주시는 시련

■ 시작 기도(5분)

■ 이끄는 이야기(20~25분)

준비

이집트에서 나와 시내로 나아가는 여정의 지리적, 신학적, 인간적인 중요성에 유의하라.

출애굽기를 열면 이스라엘 백성들이 이집트 고센 땅의 노예임을 알 수 있다. 고센은 아마도 삼각주의 북동쪽 시내의 사막과 마주 보고 있던 지역이었을 것이며, 성경에 의하면 이스라엘 백성들이 고센 땅으로부터 나와서 갈대의 바다를 건너 시내로 들어갔다. 하나님은 그들을 속박에서 불러내어 약속의 땅으로 들어가게 하셨다. 신학적으로는 속박에서 벗어나 구속의 강을 건넜다는 의미다. 그들이 거룩한 산을 향해 나아가는 그 길은 바로 하나님께 나아가는 길이었다.

인간적으로는 매우 힘든 상황이었는데, 왜냐하면 평안과 나일 강 삼각주의 풍성함을 떠나 어려운 시내의 사막으로 들어가고 있었기 때문이다.

이스라엘의 후손들에게 이 여정을 기억나게 도와주는 것을 장막절이라 부른다. 랍비들은 유대인들에게 일주일 내내 집밖에 나가서 살아야 하며 그들이 지은 천막이나 오두막에서 먹고 자야 한다고 말한다. 그것을 멋있게 할 수도 없다. 지붕에는 가지들이 얹어져 있고, 하늘에서 세 개 이상의 별을 볼 수 있게 해야 했다. "왜 적어도 세 개 이상의 별을 볼 필요가 있었는가?"라는 질문에 랍비들은 "왜냐하면 너희 자녀들이 오직 하나님만이 이스라엘 백성을 사막으로 데리고 나올 수 있었다는 것을 알게 될 것이기 때문이다."라고 대답한다.

현대식 아파트에 사는 정통파 유대인들은 아파트 발코니의 한쪽 구석에 천막을 만들어서 밤하늘의 별을 볼 수 있게 한다.

이제 성경에서 언급하는 사막들을 살펴보자. 처음에는 수르 광야가 나온다. 고센 땅에 이웃하고 있는 이 지역은 마른 모래사막이었기에 여정의 시작이 무척이나 힘들었을 것이다. 이곳이 너무 메말랐기 때문에 원망과 불만이 시작되었다. 그들은 너무 춥다거나 덥다고는 불평하지 않았다. 현대에 사는 사람들을 데리고 시내 사막을 통과하면 대부분의 불평은 열기와 추위다. 아마도 이는 이스라엘 사람들이 보통의 불평을 넘어서 무척이나 심각한 상황에 있었다는 것을 의미한다.

오늘날 출애굽의 여정을 정확하게 추적하기란 쉽지 않다. 성경이 언급하는 30여 곳 정도 여정을 쉬었던 장소의 히브리 이름과 최근의 아랍 지명이 너무나도 다르기 때문이다. 한군데 12개의 우물과 종려나무 칠십 주를 언급하는 부분이 있다. 아마도 이곳이 세르발(Serbal)이라고 불리는 산 아래쪽 좋은 오아시스가 있는 와디 바란(Wadi Feiran)일 것이다.

수르 광야로부터 '시내를 향하여'를 의미하는 신(Sin) 광야에 이르게 된다. 이곳에서의 불평은 음식에 관한 것이다. 백성들은 이집트의 요리하는 솥을 생각하였다. 하나님은 만나를 주셨는데, 히브리어로 만나는 두 글자(MN)에 불과한데, '이것이 무엇이냐?'라는 뜻이다. 이것은 고센 땅에서는 보지 못하던 것이었다. 하나님은 만나를 그들이 진치고 있는 곳으로 불어 주셨다. 사막에는 아직도 소나무 잎같이 뾰족한 잎을 가진 '로뎀 부쉬'라고 불리는 것이 있다.

오늘날에도 모래 바람이 로뎀 부쉬로 불 때 이 수풀의 껍질을 벗겨내면 거품모양의 우유 같은 것이 생긴다. 이것이 빨리 건조되면서 팝콘 같은 물질이 생기는데 꿀과 같은 맛을 낸다. 아직도 사막에 사는 베두인 사람들은 이를 만나라고 부르는데, 이는 바람이 진 치는 곳으로 불 때 생기기 때문에 많은 사람들은 이것이 성경에서 말하는 만나가 아닌가 생각한다. 히브리어에서 바람과 영은 같은 단어(루아하)다. 성경 이야기에서 이스라엘의 진에 만나를 가져다 준 것이 바람이었던 것을 기억하라. 하나님의 영이 그들에게 만나를 가져다주었다.

그러나 세 끼 만나를 먹는 것도 한동안이었다. 사람들은 모세에게 나와서 고기를 원한다고 하였다. 그래서 하나님은 메추라기를 주셨다. 해마다 7,000종류 이상의 새들이 시내 반도를 가로질러 유럽과 아프리카 사이를 날아다닌다. 어쨌든 이제 그들은 아침에도, 점심에도, 저녁에도 메추라기를 먹었다.

하나님은 이스라엘 백성이 원하는 것을 주셨는데, 그것은 마치 벌을 주는 것과 같으니 이상하지 않은가?

이제 마지막으로 신(Zin) 광야에 왔다. 이곳에서의 문제는 물이었고, 반석에서 물을 내는 이야기를 듣게 된다. 이에 대해 서로 다른 두 개의 이야기가 있다. 출애굽기 17장에서 모세는 바위를 치라는 말씀을 들었다. 그러나 민수기 20장에서 그 사건은 다른 방법으로 그려지고 있다. "회중을 모으고 그들의 목전에서 너희는 반석에게 명령하여 물을 내라 하라 네가 그 반석이 물을 내게 하여 회중과 그들의 짐승에게 마시게 할지니라 모세가 그 명령대로 여호와 앞에서 지팡이를 잡으니라 모세와 아론이 회중을 그 반석 앞에 모으고 모세가 그들에게 이르되 반역한 너희여 들으라 우리가 너희를 위하여 이 반석에서 물을 내랴 하고 모세가 그의 손을 들어 그의 지팡이로 반석을 두 번 치니 물이 많이 솟아나오므로 회중과 그들의 짐승이 마시니라."(민 20:8~11)

민수기에서 하나님은 모세에게 바위에게 명하라고 하였으나 그는 반석을 쳤다. 모세는 나중에 이 사건 때문에 약속의 땅에 들어가지 못한다.

신 광야에서 칼슘 탄산수가 바위를 깨고 나오기 때문에 베두인들은 아직도 우리에게 물을 마실 수 있는 곳들을 보여 준다. 이 껍데기를 긁어내면 물이 흘러나온다. 아마도 모세가 이 껍데기를 깨뜨림으로써 물을 흐르게 했다는 것을 말하는지 모른다. 만약 모세가 바위에게 명했다면 하나님이 물을 주셨을 것이다. 이 이야기에서 모세에 대한 처벌이 매우 심했다는 것을 보면, 그의 리더십에 교만함이 있었다는 것을 알 수 있다.

장막절은 사막에서 하나님만이 이스라엘을 보호하실 수 있다는 생각의 의미를 축하하는 것이다. 광막하고 지독한 사막은 처음 경험하는 것이었다. 신비한 사막에서 밤길을 알지 못했다. 그래서 하나님께서 낮에는 구름 기둥으로, 밤에는 불 기둥으로 그들을 거룩한 산으로 인도하셨다. 요한복음 9장에 장님이 자기의 길을 보지 못하는 내용이 나온다. 이때가 장막절이었고, 예수는 거기에서 "나는 세상의 빛이라."고 말씀하셨다. 이스라엘 백성이 사막에서 구름과 불로 인도되었듯이, 요한의 공동체는 자기의 길을 알지 못하는 장님에게 예수는 '세상의 빛'이라고 말하고 있는 것이다.(James Fleming)

요약

이스라엘 백성은 홍해를 건너 시내로 들어갔다. 신학적으로 그들은 종살이로부터 구속의 바다를 건너갔다.

수르 광야에 이르러서는 그 땅이 너무 건조했으므로 원망하고 불평하였다.

신(Sin) 광야에 이르러서는 음식 때문에 불평하였다.

신(Zin) 광야에 이르러서는 물 때문에 불평하였다.

장막절에는 광야에서 오직 하나님만이 이스라엘을 보호하신다는 것을 축하하였다.

대화

이스라엘 백성의 불평은 무엇이며, 이에 대하여 하나님은 어떻게 반응하셨는가? 이 이야기의 중심에 있는 신학적인 강조점은 무엇인가?

■ 성경과 교재(50분)

두세 사람씩 짝지어, 첫째 날에서 넷째 날까지 기록한 내용을 보고 광야에서 공급하시는 하나님과 백성의 반응에 대하여 다시 생각해 보라. 우리가 충분하게 거두지 못할까 봐 아직도 일곱째 날에도 '만나를 거두러 가는' 것의 증거는 무엇인가? 학생 교재(말씀 속으로 – 쓴맛)에 있는 질문에 답하라.

다음 질문들에 답하라. 매일의 생활에서 하나님께 맡길 수 있는 부분은 무엇인가? 하나님의 섭리에 맡기기 어려운 부분은 무엇인가? 세 사람씩 짝을 지어 출애굽기 17장을 조용히 읽고, 학생 교재에 있는 '다른 사람들을 높이라' 부분을 훑어보라. 이 부분의 마지막에 있는 질문에 답하고, 인간의 도움 없이는 하나님도 하지 못하시거나 하지 않으시는 것이 있다는 생각에 대하여 토의하라.

시편 105편을 읽으면서 이스라엘에 대한 하나님의 신실하심을 기억하라.

■ 휴식(10분)

■ 말씀과의 만남(25분)
출애굽기 19장

본문을 읽고 둘씩 짝을 지어 이 이야기의 순서와 자세한 사항을 살펴보라. 이야기를 들으면서 무엇을 들었고, 무슨 냄새를 맡았으며, 무엇을 보았고, 무슨 맛을 보았으며, 무엇을 만져 보았는지를 질문하라. 두 명씩 짝을 지어 자신의 느낌을 나누고, 다음 질문들을 중심으로 토의하라. 이야기에서 하나님과 모세와 백성의 역할은 각각 무엇이었는가? 이 이야기가 오늘날 의미하는 것은 무엇인가?

■ 세상 속으로(20분)

두 사람씩 짝을 지어 자신의 꿈에 대하여 이야기하라. 자신의 꿈을 말할 수 있는 기회와 그룹 내 다른 사람들에게 기도와 도움을 청할 수 있는 기회를 주라.

이번 주간에 행할 사역에 영향을 미칠 하나님의 말씀에서 얻은 메시지와 그에 대한 응답을 나누라.

■ 마침 기도(10분)
• 금주의 기도 제목을 적으라.
• 영성 훈련을 위한 질문들을 주라.
  성경을 읽을 때 가르침을 방해하는 것은 무엇인가?
  성경의 변화시키는 능력이 역사하게 하기 위해 성경에 대해 어떤 태도를 가져야 하는가?
• 마침 기도를 하라.

13 | 하나님의 명령

■ 시작 기도(5분)

■ 이끄는 이야기(20~25분)

준비
십계명의 목적과 권위에 특별히 유의하라.

역사상 가장 감동적인 이야기 중의 하나는 하나님께서 모세에게 십계명을 주시는 것이다. 이 산꼭대기에서의 경험은 역사적인 문서를 계시하는 아주 훌륭한 무대였다. 출애굽기 19장 20절은 이렇게 기록한다. "여호와께서 시내 산 곧 그 산 꼭대기에 강림하시고 모세를 그리로 부르시니……." 한마디로 하나님은 내려오시고 모세는 올라가서 정상회담을 하였다.

아론에게는 이 역사적인 사건을 보는 특권이 주어졌고, 백성은 산 밑에서 산을 덮고 있는 구름만을 볼 수 있었다. 하나님은 임재하셨으나 사람들은 하나님을 볼 수 없었다. 오직 선택된 자만이 시내 산에 오를 수 있었고, 의미심장한 하나님의 임재를 체험할 수 있었다. 그리고 하나님이 모세와 대화하시는 그 생각만으로도 사람들은 한기를 느꼈다.

하나님이 이스라엘 백성과 특별한 관계를 맺었다는 것을 기억하라. 이스라엘 백성은 보통 사람들이 아니라 선택받은 사람들이었다. 그들이 하나님을 선택한 것이 아니라 하나님이 그들을 선택하셨고 영원한 약속으로 복 주셨다. 하나님은 그들의 하나님이 되시고, 그들은 하나님의 백성이 되기로 약속하였다. 다시 말하면 이스라엘 백성은 하나님과의 부러운 관계를 즐겼다.

하나님의 가족은 이제 선택되었다. 가족이라는 것은 마음과 경험을 한데 묶는 것이다. 모든 사회에서 가족은 가장 중요한 기관이다. 그것보다 힘 있고 권위 있는 것은 없다. 하나님의 가족은 특별하다. 진실로 우리가 속해 있는 것 중에 가장 중요하다. 우리는 인종과 민족의 정체를 넘어 하나님의 가족이다.

하나님은 선택된 가족들을 사랑하고 그들의 필요를 충족시키신다. 그러나 인간의 경험 속에 죄는 실제로 존재한다. 죄의 결과는 언제나 체계적인 파멸로 이끈다. 그러나 죄의 실재에도 불구하고 하나님의 사랑은 이스라엘에게 역사한다.

십계명은 하나님께서 이스라엘과 우리를 사랑하시기 때문에 주신 것이다. 이것은 하나님과 그리고 다른 사람과의 올바른 관계로 우리를 인도하고 안식일을 거룩하게 지키도록 이끈다. 어떤 사람들은 이 계명들이 '하지 말라'는 말을 많이 썼기 때문에 너무 부정적이라고 한다. 많은 사람들이 이것들을 긍정형으로 고치고 싶어 한다. 예수님은 십계명을, 실제로 토라 전체를, 하나님과 이웃에 대한 사랑으로 요약하셨다. 그렇다고 이 두 명령은 하나님의 권위나 우리가 순종해야 할 강도를 약화시키지 않는다. 그러므로 긍정적이건 부정적이건 하나님의 권위가 드러나고 우리가 순종해야 한다는 사실에는 변함이 없다.

십계명은 우리의 구원, 즉 우리를 체계적으로 파괴시키는 세상의 죄로부터의 해방을 이루기 위한 하나님의 자세한 계획을 제공한다. 우리는 죄에 빠져 버렸고 스스로를 도울 수 없게 되었다. 하나님은 우리를 죄의 중독에서 깨우는 계획을 세우셨다. 계명이 긍정적이든 부정적이든 그것들은 우리를 죄와 죽음으로부터 해방시키기 위한 것이다. 그것은 우리가 살아야 할 법칙이고, 하나님과의 바른 관계를 갖게 한다. 이것이 행동하는 사랑이다. 하나님은 우리를 대신하여 개입하셨다.

십계명의 서론에서 하나님은 단순히 "나는 너를 애굽 땅, 종 되었던 집에서 인도하여 낸 네 하나님 여호와니라."고 말씀하신다(출 20:2). 다른 말로 하자면 위엄의 하나님은 "나는 내가 누구이며, 네가 누구이며, 네가 어떤 상황에 있었으며, 내가 너희에게 무엇을 행했는지 안다."라고 권위 있게 선포하셨다. 그러므로 하나님이 오래전에 선포하셨듯이 오늘도 이렇게 선포하신다.

1. 너는 내 앞에 다른 신을 두지 말라.
2. 너는 우상을 만들지 말라.
3. 여호와의 이름을 망령되이 부르지 말라.
4. 안식일을 거룩하게 지키라.
5. 부모를 공경하라.
6. 살인하지 말라.
7. 간음하지 말라.
8. 도적질하지 말라.
9. 거짓 증거하지 말라.
10. 탐욕을 부리지 말라.

이 열 개의 계명, 규칙, 율법은 우리가 살아야 할 지침과 하나님의 구원 계획을 대표한다. 이렇게 삶으로써 우리는 하나님과 평화로울 수 있다. 거부하면 하나님의 진노를 살 것이다. 이제 우리가 누구이며, 누구에게 속하였으며, 누구를 섬길지를 정해야만 한다. 지금 정해야 한다.(Walter Kimbrough)

요약
모세와 하나님은 산꼭대기에서 만났다.
하나님은 이스라엘을 선택해서 영원한 언약으로 복 주셨다.
우리는 무엇보다도 하나님의 가족이다.

십계명은 우리에게 하나님과, 그리고 이웃과 바른 관계를 가질 것과 안식일을 거룩하게 지킬 것을 가르친다.

예수님은 십계명을 하나님 사랑과 이웃 사랑으로 요약하셨다.

계명들은 부정적이든 긍정적이든 하나님의 권위를 선포한다.

십계명은 우리의 구원에 대한 정확한 계획을 제공하는 하나님의 방법이다.

대화

왜 하나님은 이스라엘과 우리에게 십계명을 주셨는가? 십계명에 있는 하나님의 권위를 우리는 어떻게 이해해야 하는가? 어떤 의미에서 십계명은 우리의 구원을 위한 계획인가?

■ 성경과 교재(50분)

출애굽기 20장 1~17절과 신명기 5장 1~21절에 기록된 십계명을 크게 읽으라. 읽기 전에 각 본문의 정황을 설명하라. 세 그룹으로 나누어, 한 주간 성경을 읽으며 기록한 내용과 학생 교재의 주석을 참고로 하여 계명에 대하여 토의하라. 각 그룹에게 학생 교재에 나오는 첫 번째 계명과 관련된 세 개의 다른 계명들을 맡기라. 다음 질문을 염두에 두고 네 개의 계명들에 대하여 토의하라. 첫 번째 계명을 지키는 것과 다른 계명들은 어떠한 관계가 있는가?

서너 사람씩 새로운 그룹을 만들어, 출애굽기 31장 18절부터 32장 24절에 기록된 금송아지 사건을 읽고, 학생 교재(신상에게 절하는 것)에 나오는 질문들에 답하라.

두 사람씩 짝을 지어 안식일을 지킨 경험들을 발표하고, 다음 질문을 토의하라. 안식일을 거룩하게 지키는 것이 어떻게 우리 삶의 우선순위를 회복하고 다른 계명들을 지킬 수 있게 하는가? 학생 교재에 있는 안식일에 대한 질문에 답하라.

■ 휴식(10분)

■ 말씀과의 만남(25분)

민수기 35장

본문을 조용히 읽으라. 둘씩 짝을 지어 다음 단어들을 이용하여 내용에 대하여 묻고 기록하라. '누가? 무엇을? 어디서? 언제? 왜? 어떻게?' 그 후에 다른 짝과 함께 기록한 답을 나누라.

■ 세상 속으로(20분)

'세상 속으로'에 나오는 질문들에 답하라. 십계명과 관련된 질문에 대한 답 자체가 아니라, 그 질문에 대답하면서 배운 것들에 초점을 두라. 다음 질문들을 이용하라. 이 질문에 대하여 생각하고 대답하면서 나 자신과 나눈 대화는 어떤 것이었는가? 나 자신에 대하여 무엇을 배웠는가? 전반적으로 계명에 동의하지만 나를 위해 약간 굽힌 때는 언제인가? 어디에서 나의 삶의 우선순위를 재정립해야 함을 알게 되었는가?

이번 주간에 행할 사역에 영향을 미칠 하나님의 말씀에서 얻은 메시지와 그에 대한 응답을 나누라.

■ 마침 기도(10분)

- 금주의 기도 제목을 적으라.
- 영성 훈련을 위한 질문들을 주라.
  다른 사람들의 삶을 낫게 하거나 다르게 하기 위해 나는 무엇을 절약할 수 있는가?
  어떻게 나의 욕구와 소비를 검소하게 할 수 있는가?
- 마침 기도를 하라.

14 │ 하나님의 공의의 법

■ 시작 기도(5분)

■ 이끄는 이야기(20~25분)

준비

모세오경의 네 개의 기본 법전과 언약 공동체에게 정의와 의로움의 의미, 그리고 두 가지 종류의 법률에 유의하라.

출애굽기 20~23장에 나오는 언약 법전은 이스라엘이 시내 산에서 하나님과 맺은 언약의 일부를 모은 것 중 하나다. 이해하기 쉽지는 않으나 주의 깊게 살펴보면 이스라엘이 신실한 언약 공동체를 구체적으로 세우려고 시도한 것을 볼 수 있다.

이스라엘의 율법은 언약에 대한 응답이다. 언약 공동체는 하나님이 시작하신 것이다. 하나님은 이스라엘을 이집트의 노예생활로부터 시내 광야를 가로질러 이끌어내셨다. 하나님의 은혜는 해방의 선물과 미래에 대한 희망으로 그들의 삶을 변화시켰다. 시내에서 하나님은 은혜의 백성으로서 관계를 계속 유지할 수 있도록 선물을 주셨는데, 우리는 이를 언약이라고 부른다. 하나님의 언약 백성의 공동체가 되기 위하여 이스라엘은 이 언약 관계의 책임을 받아들여야만 하였다.

구약에서 이 책임을 설명하는 가장 중요한 단어는 정의와 의로움이었다. 정의는 공동체 안에서 모든 사람의 안녕과 순수성을 확실하게 하는 원칙이었다. 인간의 기본 요구에 대응하여 약한 자를 붙잡아 주고, 의사 결정 과정에 참여할 수 있게 하며, 불만을 들어주고, 잘못 이용하지 못하게 하는 공평한 법률 제도였다. 정의에 해당하는 히브리 단어는 판단이라는 말로도 번역할 수 있는데, 이는 자신의 쾌락이나 이익을 위하여 다른 사람을 조종하거나 남용하는 것에 대항하는 것이었다.

구약에서 의로움이란 법규를 잘 따르는 것을 의미하지 않는다. 한마디로 서로간의 관계가 온전하게 되는 것을 말한다. 이는 우리의 모든 관계, 즉 친구와 가족 관계, 나라와 공동체에서의 관계 등에 적용되었다.

정의와 의로움은 밀접한 관계가 있으며, 성경에서 자주 같이 나타난다. 그것은 하나님의 언약 공동체를 나타내는 표식이었다.

언약과 정의와 의로움은 추상적인 생각에 머무르기 쉬운데, 율법은 신앙 공동체의 구조 내에서 이러한 개념들을 구체화하려고 시도한 것이다. 정의와 의의 언약 공동체가 하나님과 이웃에 대하여 어떻게 행동해야 하는가? 어떤 것들이 우선권을 가져야 하는가? 어떻게 분쟁을 조정할 수 있는가?

시간과 환경에 따라 새로운 상황에 맞는 율법이 필요하기도 했

다. 출애굽기 20~23장에 있는 언약의 책은 왕이 있기 전 초기 이스라엘의 것이다. 신명기 12~26장에 있는 율법은 이스라엘이 나라를 이루었을 때를 반영하고, 레위기 17~26장에 있는 신성법전은 바벨론 포로 시대 이후에 형성된 것이다. 하나님과의 언약은 시간을 관통하여 계속되지만, 각 세대는 자신들의 상황에 맞도록 이것들을 공동체의 구체적인 형태로 표현할 수 있어야 한다.

이스라엘 초기의 법률 모음을 자세하게 들여다보자. 두 개의 그룹으로 나눌 수 있다. 판례법은 특별한 경우에 맞춰진 교정을 위한 수단인 동시에 안내서다. 이것들은 특수한 상황을 표현하고, 거기에 따른 교정 수단이나 처벌에 대하여 언급한다. "불이 나서 가시나무에 댕겨 낟가리나 거두지 못한 곡식이나 밭을 태우면 불 놓은 자가 반드시 배상할지니라."(출 22:6)

판례법은 고대 세계의 사회적인 배경을 반영한다. 이것은 가족 보호라든지 분쟁 조정, 기업 활동, 음식에 대한 법 등 많은 것들에 관심한다. 그리고 중동 사회의 가장 좋은 것과 가장 나쁜 것들을 모두 반영한다.

이웃 문화에서 온 '눈은 눈으로, 이는 이로……(출 21:23~25; 레 24:18, 20; 신 19:21)' 라는 오해를 많이 받는 율법이 있다. 성경에 여러 번 언급되는 이 법 규정은 다른 고대 법전에서도 발견된다. 가끔 이 규정 때문에 구약이 폭력적이라든지, 보복적이라는 말을 듣는다. 그러나 실제로 이 법 규정은 폭력과 보복을 줄이기 위한 초기의 시도였다. 이 법칙이 없었다면 그룹 간의 혈투는 모든 가족이나 족속, 지파를 학살하는 위협이 되었을 것이다. 이 법은 범죄에 비례해서 처벌을 하려고 하였다. '한 눈에는 오직 한 눈만으로, 한 이에는 오직 하나의 이로……' 라고 읽어야 한다.

이 판례법은 또한 주변에 있는 다른 문화들로부터 나쁜 영향도 받았음을 반영한다. 남자가 여자보다 가치가 있었으며, 자유인이 노예보다 가치가 있는 사회를 반영한다. 이러한 법률에서 여자나 노예들은 소유물로 여겼으며, 하나님의 은혜라든지 이스라엘의 신앙 이야기에 대한 언급이 없다.

다행히 다른 율법들의 모음에는 뭔가 다른 이스라엘 신앙의 영향이 반영되어 있다. 이것은 이스라엘의 하나님인 야훼를 언급하기 때문에 야훼법이라고 불리기도 한다.

이 야훼법에서 이스라엘은 그들을 향한 하나님의 은혜와 구원의 행위를 기억하며, 특별히 작고 약한 사람들을 향한 정의와 연민을 추구하는 율법의 동기를 부여하였다. "너는 이방 나그네를 압제하지 말라 너희가 애굽 땅에서 나그네 되었었은즉 나그네의 사정을 아느니라(출 23:9)." "너는 과부나 고아를 해롭게 하지 말라."(출 22:21~22)

이 율법들에서 우리는 이스라엘의 하나님과 그들의 구원 이야

기에 대한 지식이 하나님의 언약 백성으로서 어떤 종류의 공동체가 되어야 할지에 영향을 미친 것을 볼 수 있다. 하나님께서 이미 그들에게 정의와 의로움과 연민을 보여 주셨기 때문에 그들은 이것들을 구체화해야 했다.

율법의 모음들은 이스라엘이 고대 세계의 사회 구조로부터 영향을 받았음을 보여 주며, 하나님과의 언약 관계에서 독특한 공동체를 세우려고 했음을 반영한다. 정의와 의에 대한 특별한 관심은 이 공동체의 표상이었다.(Bruce Birch)

요약

정의와 의로움은 언약 공동체를 확인하는 표식이다.
출애굽기 20~23장은 왕권 제도 이전의 시대를 반영한다.
신명기 12~26장은 왕국이 되었을 때의 상황을 반영한다.
레위기 17~26장은 바벨론 포로시대 이후를 반영한다.
이스라엘의 초기 법률은 두 그룹으로 분류된다.
· 판례법은 주위 문화의 공통적인 법률 습관을 반영한다.
· 야훼법은 이스라엘의 신앙의 영향을 보여 준다.

대화

모세오경의 네 가지 중요한 법전은 무엇인가? 정의와 의로움에 관련하여 율법은 어떤 역할을 하였는가? 두 가지 종류의 법률은 어떤 것이며, 어떤 역할을 하였는가?

■ 성경과 교재(50분)

세 명씩 짝을 지어 출애굽기 21장 1절부터 23장 19절까지를 나누라. 첫째 날과 둘째 날의 기록 내용을 참고하여 율법들을 찾아, 정의와 의로움의 원칙을 보이는 율법들과, 새롭고 변화하는 환경에 적용하기 위한 율법들, 현대의 법에 영향을 미친 율법들, 그리고 가족의 순수성을 지키기 위한 율법들을 찾으라.

또 두 명씩 짝을 지어 이 과에서 제시된 성경 본문을 읽으면서, 율법들을 하나씩 찾아낸 뒤에 다음 질문을 하라. 특별히 오늘날의 사회 문제와 관련하여, 인간관계와 공동체 내에서의 관계에 대하여 특별히 언급하는 것이 있는가?

학생 교재 '안식일' 부분의 내용을 조용히 읽고 답하라.

■ 휴식(10분)

■ 말씀과의 만남(25분)

레위기 19:1~18

한 사람이 큰 소리로 본문을 읽을 때 다른 사람들은 속으로 따라 읽으라. 세 명씩 그룹으로 나누어 이 구절을 연구한 다음, 반복되는 단어나 이미지, 주제를 찾아내라. 어디에 언급되어 있는가? 서로 어떻게 연결되는가? 그리고 다음 질문을 중심으로 토의하라. 거룩하신 하나님과 거룩한 백성은 어떤 관계인가? 오늘날의 교회와 우리에게 이 구절은 무엇을 말하는가?

■ 세상 속으로(20분)

'우리의 모습'을 크게 읽으라. 한 문장씩 읽으면서 우리에게 얼마나 적용되는지 생각하라. 다음 질문을 하라. 오늘을 검소하게 살려고 선택하는 것이 어떤 의미에서 정의를 가져올 수 있는가?

'세상 속으로'에 제시된 각 질문들에 대하여 처음에는 둘씩 짝을 지어, 다음에는 전체 그룹에서 토의하라.

이번 주간에 행할 사역에 영향을 미칠 하나님의 말씀에서 얻은 메시지와 그에 대한 응답을 서로 나누라.

■ 마침 기도(10분)

• 금주의 기도 제목을 적으라.
• 영성 훈련을 위한 질문들을 주라.
  내가 구입하는 것 중에 얼마만큼이 나에게 필요한 것이고, 얼마만큼이 다른 이유들 때문인가?
  자비롭고 보살피는 청지기로서 삶을 산다면 돈 사용의 우선순위는 어떻게 될까?
• 마침 기도를 하라.

15 | 연약한 자들의 보호자

■ 시작 기도(5분)

■ 이끄는 이야기(20~25분)

준비

출애굽기와 신명기에 기록된 법률들과 오늘날의 윤리적 행위의 관련성과 이 법전에 반영된 공동체의 특성에 유의하라.

하나님은 가난한 자, 힘없고, 약하고, 눌린 자들과 함께하신다. 하나님이 압제당하는 자들에게 특별한 관심을 가지고 보호하신다는 것은 창세기와 출애굽기, 구약의 선지자들, 누가복음/사도행전의 예수님의 오심, 그리고 바울서신과 요한계시록에 이르기까지 계속 나타난다.

언약 백성과 성경의 인물들이 경험한 하나님의 연민에 대한 인간의 가장 적절한 대답은 다른 인간에 대한 연민이다.

오늘날의 기독교인들에게 출애굽기와 신명기에 기록된 법전들은 너무 고리타분하고 거리가 먼 것 같다. 이 자료들은 우리의 윤리적 행위와 정말 관계가 있는가, 아니면 역사적인 관심으로만 공부해야 하는가?

법조문들은 언약 공동체의 중요한 것들을 말해 준다. 공동체는 추상적인 것이 아니라 실제 사회 구조에 반영되어야 했다. 이런 법조문들은 이스라엘이 공동체의 구조를 설정하는 데 얼마나 진지했는지 보여 준다.

법조문에 반영된 공동체는 어떤 공동체였는가? 이스라엘 공동체는 주위의 공동체와는 달랐다. 이스라엘은 하나님의 구원 역사로 이집트의 노예생활로부터 부르심을 입었고, 그들의 아픔을 같이 나누시는 하나님의 부르심에 답하는 공동체가 되었다. 이러한 하나님과의 관계로 인하여 이웃과의 관계가 변화되었다.

이스라엘의 이웃과의 관계는 어떤 점에서 특별했는가? 경제와 정치 문제에서 남달랐다. 경제적으로 이 공동체는 기본적인 인간의 필요를 위해 자원을 어떻게 분배하느냐에 그 가치를 두었다. 언약은 언제나 광야에서 만나를 주셨듯이, 우리의 모든 자원은 하나님이 주신 것이라는 의식을 가지고 있었다. 만나는 하나님이 주신 것으로 누구도 남지 않았고, 누구도 모자라지 않게 필요한 만큼 가졌다. 이스라엘은 이런 식으로 경제적인 삶을 조직하려고 했다. 중요한 원칙은 필요를 근거로 하는 경제 자원에 대한 동등한 접근이었다. 그러므로 음식과 의복, 거처, 삶의 수단에 대한 법들이 있었다. 이러한 율법들은 모두가 할 수 있는 만큼 공동 자원을 제공하고, 공동체의 모든 자원은 필요에 따라 분배하게 하였다.

그렇다면 공동체에 경제적으로 기여하지 못하는 사람들은 어떠했는가? 이 부분이 언약 공동체의 독특성이었다. 하나님의 백성이 되기 위해서는 정의와 의로움만 필요한 것이 아니라, 연민을 가져야 했다. 법전들은 거듭해서 약한 자들 – 과부와 고아, 병자, 가난한 자들 – 에 대한 특별한 보살핌을 말하고 있다. 이스라엘이 스스로 자신을 보살피지 못했을 때 하나님은 그들을 보호하셨으므로, 이스라엘은 그들의 삶에 연민을 가져야 했다. 예를 들어 추수가 끝난 후에도 필요한 사람들이 거둘 수 있도록 이삭을 남겨 놓아야 했다. 그리고 나무의 열매를 두 번 거두지 않았다. 가난한 자들이 딸 수 있도록 남겨 놓아야 했다.

연민에 관련된 정치는 어떠했는가? 정치란 공동체가 의사를 결정하는 방법과 힘을 사용하는 방법을 말한다. 고대 세계에서는 어떤 지파나 도시, 제국이든 힘은 가장 위에 있는 사람들에게 집중되었고, 모든 결정은 위에서부터 내려왔다. 그러나 이스라엘은 하나님과의 언약 공동체로서 그 삶이 매우 달랐다. 가족이 있었고, 가문이 있었고, 지파가 있었고, 지파의 연맹이 있었다. 이는 아래에서 위로 올라가는 구조였다. 그러므로 가족이 의사 결정의 주요 단위였다. 그리고 율법은 이 결정들이 모든 사람에 대하여 정의롭고 연민을 가지고 있느냐를 확인하였다. 선지자들이 하급 법정을 부패하게 한 자들을 심하게 저주했던 이유가 여기에 있다. 아모스 선지자가 "오직 정의를 물같이, 공의를 마르지 않는 강같이 흐르게 할지어다."라고 한 것이 바로 여기에 근거를 둔 것이다. 이사야 선지자는 "선행을 배우며 정의를 구하며 학대 받는 자를 도와주며 고아를 위하여 신원하며 과부를 위하여 변호하라 하셨느니라."고 했다. 선지자들은 이러한 오래된 율법들을 자신들의 시대에 관련지으려고 했다.

오늘날 이러한 율법으로부터 무엇을 배울 수 있는가? 우리는 자신을 둘러싸고 있는 세상과는 달리 하나님을 중심으로 하는 사람들이며, 하나님은 우리가 정의와 의로움과 연민을 지닌 공동체가 되기를 원하신다는 것을 이해할 필요가 있다. 우리는 이스라엘 백성만큼 정의와 의로움과 연민을 실현하기 위해 얼마나 노력했는지 스스로 질문해야 한다. 우리는 필요에 따라 모든 자원을 적절하게 공급하고 있는가? 의사 결정을 하는 일에 공동체가 광범위하게 참여하는가? 가장 약한 자들의 안녕을 위하여 관심을 가지고 있는가? 공동체의 모든 사람이 최선을 다하여 기능을 발휘할 수 있는 법률 체제가 있는가? 출애굽기와 신명기에 기록된 율법들은 성경 시대의 상황을 반영한다. 어떤 특별한 조항들은 우리의 상황에 적용할 수 없다. 그러나 그것들은 언약 공동체의 헌신과 이러한 헌신을 가지고 살아 나가는 신실한 사회 구조에 진지한 관심을 갖는 모델이 된다. 이스라엘 백성에게 하나님에 대한 사랑은 이웃에 대한 사랑으로 표현되어야 했다. 언약 공동체는 단지 종교적인 단체가 아니었다. 이는 하나님의 백성으로 사는 방법 중 하나였다. 하나님의 교회에 대한 부르심에 이것보다 더 깊이 관련된 것은 없다.(Richard Wilke and Bruce Birch)

요약

정의, 의로움, 연민은 공동체의 삶의 모습에 반영되어야 한다.

기본적인 인간의 필요에 따라 자원을 어떻게 보급하느냐에 따라 공동체의 가치관을 알 수 있다.

이스라엘은 무엇보다 가족이 의사 결정에 참여하도록 사회 구조를 조직했다.

교회로서 우리는 우리를 둘러싸고 있는 사회와는 다른 공동체라는 것을 이해할 필요가 있다.

출애굽기와 신명기의 율법들은 우리에게 언약 공동체의 헌신의 모델이 된다.

대화

이웃과의 관계 면에서, 이스라엘과 다른 나라는 어떻게 달랐는가? 이러한 율법들이 오늘날의 교회와 어떤 관련이 있는가?

■ 성경과 교재(50분)

〈제자 : 성경 연구를 통한 제자 되기〉 과정을 마친 사람은 정의의 관점에서 창세기 21장 1절부터 23장 19절까지를 이미 공부하였기 때문에 언약의 율법이 낯익을 것이다. 이제는 이를 연민의 관점에서 바라보라. 다음 질문을 하라. 어떻게 공동체는 연민을 가지고 살면서 이러한 법률들을 지키는 데 모델이 될 수 있는가?

공동체를 지배하였던 율법들과 공동체에서 가족의 위치와 가족을 보는 관점에 대하여 이야기를 나누라. 학생 교재에 있는 '안전망' 부분을 다시 기억하면서 교재에 제시된 질문에 답하라.

레위기 25장과 신명기 15장 1~18절을 돌아가며 크게 읽을 때, 나머지 사람들은 잘 듣고 기록하라. 그리고 둘씩 짝을 지어 다음 질문에 답하라. 안식년과 희년의 뒤에 숨겨진 의도는 무엇인가? 이러한 계획이 가능할 때 모든 사람이 받을 수 있는 혜택에 대하여 적고 짝과 함께 이야기하라. 다음 질문에 대하여 토의하라. 환경오염으로 위기에 직면한 세계가 이 계획으로부터 얻을 수 있는 지혜는 무엇인가? 이 구절들이 어떻게 창세기가 가르치는 창조 의도와 맞아떨어지는가?

■ 휴식(10분)

■ 말씀과의 만남(25분)

신명기 15:1~11

본문을 큰 소리로 읽으라. 세 사람씩 짝을 지어 이 구절에 대해 생각하면서 다음 질문에 답하라. 본문의 중심적인 생각과 목적은 무엇인가? 이 구절을 처음 들은 독자들에게 요구한 것은 무엇인가? 오늘날과 당시의 상황에서 같은 요소는 무엇인가? 그리고 다른 요소는 무엇인가? 오늘날의 교회에 대하여 뭐라고 말하는가? 이 구절을 진지하게 받아들인다면 나는 어떻게 생활방식을 변화시켜야 하는가?

■ 세상 속으로(20분)

주제와 요절, 우리의 모습, 영성 훈련을 읽고 묵상하라. 이것들 간의 관련성에 대하여 서로 이야기하라. 한 사람에게 '세상 속으로'의 첫 번째 문단을 큰 소리로 읽게 하라. 다음 문단에 있는 질문들을 순서대로 읽으면서, 어떻게 가난한 사람들을 도우며, 그것을 위해 치러야 할 대가는 무엇인지 토의하라.

이번 주간에 행할 사역에 영향을 미칠 하나님의 말씀에서 얻은 메시지와 그에 대한 응답을 서로 나누라.

■ 마침 기도(10분)

• 금주의 기도 제목을 적으라.
• 영성 훈련을 위한 질문들을 주라.
  교인들과 함께 예배를 드릴 때 어떤 기대를 가지고 나아가는가?
  용서받았다는 느낌과 새롭게 태어났다는 느낌은 어떻게 나의 삶에 힘이 되는가?
• 마침 기도를 하라.

16 | 하나님이 거하시는 곳

■ 시작 기도(5분)

■ 이끄는 이야기(20~25분)

준비
광야에서 성막의 목적과 언약궤의 위치, 그리고 그 중요성에 유의하라.

성막에 대하여 이야기해 보자. 성막은 이집트에 세워진 것도 아니고, 가나안에 세워진 것도 아니다. 그것은 광야에서 들고 다닐 수 있도록 제작된 것이다. 이집트와 바로 아래서의 굴레는 이제 이스라엘의 과거사가 되었고, 하나님의 약속의 땅인 가나안은 그들 앞에 있었다. 그러므로 성막은 순례자들을 위한 것이요, 의미 있는 것이었다. 기독교인으로서 우리는 순례자다. 바울은 빌립보서에서 '우리의 시민권은 하늘에 속한 것'이라고 강조하였다.

우리가 누구인지와 무엇을 가졌는지는 인생의 근본적인 문제 중 하나다. 우리는 이 문제를 가지고 씨름하는데, 어떤 경우에는 우리가 어디에 있는지가 우상이 되고, 우리가 가진 것들이 신이 되기도 한다. 우리는 이렇게 지나가는 것들 가운데서 의미를 찾는다.

그러나 우리는 순례자이며, 이러한 것들이 하나님과의 관계를 방해할 수 있음을 기억해야 한다. 이스라엘 백성은 언제 어디서나 진을 칠 때마다 성막을 세웠다. 언제나 모래 위에 세웠다. 귀한 기구들을 정해진 자리에 놓고 장식을 했지만, 바닥을 덮을 수는 없었다. 이것은 아주 강력한 상징이기도 했다. 제사장들과 백성의 발은 언제나 모래 위에 있었는데, 이것은 그들이 창조물이라는 것과 세상에 속하였다는 사실을 항상 상기시켜 주었다.

성막에는 많은 상징들이 있었다. 그러나 가장 중요한 의미는 언약 백성 가운데 거하시는 하나님이다. 그리고 이스라엘의 예배나 성막에서 가장 중요한 것은 언약궤였다. 언약궤는 증거라는 율법의 돌비를 담고 있었다. 그러나 그것보다도 하나님은 특별한 방법으로 여기에 임재하셨다. 성막의 지성소 외에다른 세 장소에 있는 언약궤를 살펴봄으로써 우리는 이것을 생생하게 알 수 있다.

먼저 여호수아가 백성을 약속의 땅으로 인도할 때 요단 강가에 있던 언약궤를 살펴보자. 여호수아 3장 3~17절에 이 이야기가 기록되어 있다. 여기서 언약궤는 하나님의 선재하심을 가르친다. 하나님이 우리보다 앞서 가신다는 것이다. 사람들이 여호수아의 지도 아래 요단 강을 건널 때에 언약궤를 멘 제사장들이 선두에 섰다. 그리고 홍해를 건너는 장면과 같은 극적인 장면이 기술되어 있다. 제사장들이 요단 강가에 섰을 때 요단 강은 강둑까지 물이

차 있었다. 그러나 제사장들은 멈추지 않았다. 곧장 나아갔다. 그들이 요단 강에 발을 내딛자 흐르던 물이 멈추었다. 그리고 물이 갈라져 그들은 마른땅으로 요단 강을 건넜다. 여호수아 3장 17절은 "여호와의 언약궤를 멘 제사장들은 요단 가운데 마른 땅에 굳게 섰고 그 모든 백성이 요단을 건너기를 마칠 때까지 모든 이스라엘은 그 마른 땅으로 건너갔더라."고 기록하고 있다. 얼마나 힘을 주는 믿음인가? 하나님은 선재하심으로 우리 앞에 서 가시고, 길을 예비하시며, 물이 넘치는 요단 강과 인생의 모든 강에서 우리를 만나 주신다.

둘째로 여리고의 언약궤를 보자. 여기에서 언약궤는 하나님의 강력한 임재를 보여 준다. 주일학교에 다닌 거의 모든 사람이 여기에 관련된 이야기와 노래를 안다. 그러나 언약궤에 관해서는 잘 알지 못하거나 기억하지 못한다. 성을 엿새 동안 여섯 번씩, 일곱째 날에 일곱 번 돌 때에 제사장들은 언약궤를 메고 나팔을 부는 제사장을 뒤따랐다. 이것이 중요한 것이다. 그들이 보여 준 무력도, 제사장이 함께 있었다는 것도, 나팔이나 이스라엘의 헌신, 그들이 한꺼번에 소리를 질렀다는 사실도 중요하지 않다. 가장 중요한 것은 언약궤, 즉 하나님의 강력한 임재였다.

하나님의 임재는 바로 능력임을 놓치지 말라. 하나님과 은밀하게 사는 사람은 공포나 실망이나 아픔이나 고통이 그리 큰 문제가 되지 않으며, 분단이나 고립, 외로움과 좌절의 벽은 무너지게 될 것이다.

셋째는 포로로 잡혀 가 있는 언약궤다. 여기서 하나님은 지나가시는 임재로 나타난다. 광야에서 헤맬 때는 물론 하나님이 주신 땅에서 안전할 때에도 이스라엘은 죄를 범하였다. 그들은 하나님에게 의지하는 마음을 버렸고, 결국 블레셋에게 패하여 언약궤는 블레셋의 손에 넘어가게 되었다.

그런데 블레셋이 실수를 한다. 그들은 하나님의 권능을 알지 못하였다. 하나님의 권능이 언제나 주위를 둘러싼 악을 파괴한다는 사실을 배워야 했다. 그러나 여기서 중요한 것은 이스라엘의 죄와 불신으로 하나님의 임재가 떠났다는 것이다.

하나님께서 함께하시는 경험이 영원한 것은 아니다. 물론 하나님이 우리를 떠난다는 의미는 아니다. 우리 스스로가 하나님의 현존에서 떠나는 것이다. 광야의 언약궤로부터 우리는 하나님의 임재는 우리의 감수성과 순종과 훈련에 따라 우리 삶의 현실이 됨을 배워야 한다.

언약궤는 하나님의 선재하심, 권능, 현존을 상징한다. 성막에서 가장 중요한 기구인 언약궤는 하나님의 언약 백성 가운데 거하시는 하나님의 임재에 대한 생생한 기억이다.(Maxie Dunnam)

요약

광야의 성막은 들고 다닐 수 있는 것이었다.

성막은 언제나 모래 위에 세워졌는데, 이는 제사장들이나 백성이 자신들이 땅의 창조물인 것과 이 세상의 존재에서 벗어날 수 없음을 상기시키기 위함이었다.

성막은 하나님이 언약 백성 가운데 함께하심을 상징하였다.

언약궤는 하나님의 선재하심과 권능의 임재, 그리고 현존에 대하여 가르친다.

삶에서 하나님의 임재는 우리의 감수성, 순종, 그리고 훈련에 의존한다.

대화

성막의 목적은 무엇인가? 언약궤는 하나님의 선재하심과 권능의 임재, 그리고 현존에 대하여 무엇을 가르치는가?

■ 성경과 교재(50분)

성막 묘사는 다른 두 개의 장소, 즉 예전의 '회막'과 '솔로몬 궁전'의 구조와 기능의 영향을 받았다. 출애굽기 26장, 33장 7~11절, 민수기 11장 16~17절, 24~30절, 열왕기상 6~7장에서 이 영향을 찾아보라.

이스라엘과 후기 유대인, 그리고 기독교인들의 예배 형태와 기능은 성막의 형태와 기능에서 많은 영향을 받았다. 성막을 옮길 수 있다는 생각의 장점은 무엇인가? 우리의 예배에서 성막의 디자인과 기구, 기능과 목적을 어디에서 찾아볼 수 있는가? 성막의 형태나 기능에서 비롯된 성경적인 개념이나 용어 중에 우리의 신앙을 나타내는 신학 용어가 된 것이 있는가?

'더 알아보기' 부분의 과제를 연구한 사람이 있으면 발표하게 하라.

창세기와 출애굽기에서 깨달은 하나님에 대하여 이야기하라. 아브라함과 야곱과 이삭의 하나님을 어떻게 경험할 수 있는가? 사람들을 통해 하나님은 무엇을 하셨는가? 출애굽의 하나님을 어떻게 경험할 수 있는가? 출애굽에 등장한 사람들을 통하여 하나님은 어떻게 역사하셨는가? 언약의 율법을 주신 시내의 하나님을 어떻게 경험하는가? 시내에 있는 사람들을 통하여 하나님은 어떻게 역사하셨는가?

■ 휴식(10분)

■ 말씀과의 만남(25분)

출애굽기 33장

한 사람이 본문을 크게 읽고, 다른 사람들은 조용히 따라 읽으라. 그리고 두세 사람씩 짝을 지어 다음 부분을 하나씩 읽으라. 33장 1~6절, 12~16절, 17~23절. 각 부분의 끝에서 쉬면서 다음 질문들을 중심으로 토의하라. 이 구절은 하나님에 대하여 무엇을 말하는가? 인간에 대하여는 무엇을 말하는가? 하나님과 인간의 관계에 대하여는 무엇을 말하는가?

■ 세상 속으로(20분)

'세상 속으로'의 질문에 대해 답하라.

이번 주간에 행할 사역에 영향을 미칠 하나님의 말씀에서 얻은 메시지와 그에 대한 응답을 서로 나누라.

■ 마침 기도(10분)

• 금주의 기도 제목을 적으라.

• 영성 훈련을 위한 질문들을 주라.

성경을 공부하기 위하여 시간을 내고, 적절한 방법과 도구를 사용하는 일에 얼마나 훈련되어 있는가?

성경 공부를 통하여 하나님이 나를 어떻게 변화시킬 것이라고 기대하는가?

• 마침 기도를 하라.

신약 성경 연구

17 | 온 세상을 위한 기쁜 소식

■ 시작 기도(5분)

■ 이끄는 이야기(20~25분)

준비

누가가 누가복음과 사도행전에서 각각 발전시킨 독특한 방법에 유의하라.

누가복음과 사도행전을 공부할 때 누가를 이해하는 데 중요한 점은, 누가복음이나 사도행전이 전체 이야기를 다루지 않는다는 점이다. 과거, 현재, 미래, 그리고 온 세상을 위한 그리스도의 중요성을 충분히 전하기 위해서 누가는 두 권의 책을 쓰기로 결심했다. 왜일까?

누가의 시대에 기독교에 대한 한 가지 질문은, '만일 그리스도가 모든 시대와 모든 사람을 위한 구세주라면, 하나님은 왜 그렇게 작고 중요하지 않은 장소에 그의 아들을 보내셨을까? 하나님은 왜 그렇게 적은 사람들에게 구세주를 알리셨을까?' 였다. 사도행전 1장 15절에 따르면, 처음엔 오직 120명의 믿는 사람들이 있었을 뿐이다. 많은 비판자들은 '왜 하나님이 구세주를 로마와 같이 중요한 장소에 보내지 않았을까?' '왜 유명한 종교 지도자나 철학자 같은 사람들에게 보내 말씀이 더 쉽게 퍼지도록 하지 않았을까?' '왜 폭넓은 의사 전달이 가능한 로마와 같은 대도시로 보내지 않으셨을까?' 하고 의아하게 생각했다.

이러한 질문들에 대한 누가의 대답은, 거룩한 분보다는 인간에게 초점을 맞추었기 때문이라는 것이다. 이스라엘 안에서 역사하셨고 그리스도 안에서 역사하셨던 하나님은 이제 교회를 통해서 역사하신다. 보잘것없는 시작이었지만, 그 적은 사람들의 선포를 통해 수많은 사람들이 믿음을 갖게 된다. 복음은 하나님을 믿고 의지하는 사람들의 입술로부터 급속히 퍼져 나가 예루살렘으로부터 로마까지, 그리고 모든 나라로 퍼져 나간다. 누가가 이 모든 이야기를 하기 위해 두 권의 책을 쓴 이유는, 교회가 그 이야기의 부분이기 때문이다. 그리스도의 사역을 계속하기 위해서 교회는 세상에서 하나님의 그리스도와 같아야 한다. 하나님은 항상 구세주가 현재에 계시도록 길을 여신다.

사도행전을 이해하기 위해서는 누가복음이 필요하고 누가복음을 이해하기 위해서는 사도행전이 필요한 것이 사실이나, 우리는 그것들이 서로 다른 문학 장르라는 것을 알아야 한다. 물론 누가복음은 마가복음으로 시작된 복음서 양식을 따르고 있다. 복음서는 전기도 아니고 역사도 아니며 신학적인 글도 아니다. 오히려 복음서는 한 개인이나 집단이 다른 집단에게 전하려고 의도한 매우 개인적인 글로, 독특한 양식을 취하고 있다. 누가를 포함한 복음서 기자들은 "내가 경험한 그리스도를 당신에게 전하고 싶소."라고 말한다. 약간의 역사와 전기, 그리고 신학이 있지만, 그보다 복음서는 개인적 경험의 깊은 나눔이다.

사도행전은 누가 시대에 유행했던 흥미로운 모험담 스타일로 쓰였다. 손에 땀을 쥐게 하는 장면들, 아슬아슬한 탈출, 음모와 모험으로 가득 차 있어서 저녁시간의 여흥거리로 읽을 만한 글이다. 그러나 누가는 유행하는 스타일을 사용하면서도 매우 심각한 주제들을 다루고 있다. 흥미를 돋우기 위한 다른 글들처럼, 사도행전은 마치 후편이 있을 것처럼 결론을 맺지 않고 끝맺는다.

누가복음과 사도행전이 매우 다른 양식을 취하고 있지만, 누가는 그 두 권에서 이야기의 흐름에 유사성을 유지하는 뛰어난 작가다. 두 권 모두, 아주 적은 사람들만 포함하는 좁은 시야에서 많은 사람들을 포함하는 넓은 시야로 나아간다. 누가복음은 갈릴리에서 시작해 유대 권력의 중심인 예루살렘으로 전개해 나가고, 사도행전은 예루살렘에서 시작해 국제적 힘과 권력의 중심인 로마로 전개해 나간다. 처음으로 예수를 따른 사람들은 열두 제자와 예수님이 복음을 전하도록 권위를 부여하고 파송한 70인의 전도자들이었다. 이 성공적인 전도자들의 이름이 알려지지 않은 것은, 이름 없이 알려지지 않은 사람들이 예수와 함께 거룩한 사역을 나눌 수 있도록 하나님께서 능력 주신다는 결론으로 우리를 인도한다. 가능성은 무한하다.

사도행전은 엄격한 유대적 상황에서 시작한다. 처음엔 120명의 신자들이 있었고, 나중엔 수천 명의 예루살렘 유대인들이 그리스도 신앙으로 개종한다. 그 숫자는 계속해서 증가하는데, 예루살렘 이외의 유대인들, 즉 에티오피아 내시들과 같은 유대교로 개종한 이방인들, 고넬료와 같이 유대교에 호감을 가지고 있던 이방인들, 그리고 유대교에 전혀 동일시하지 않았던 이방인들을 포함한다. 누가복음과 사도행전을 읽는 독자는 어떤 한계나 제약도 없다는 결론으로 인도하는 폭넓은 관점과 마주치게 된다. 하나님은 모든 인간을 얻기를 갈망하시고, 그리스도는 모든 인간을 위해 계시다.

두 권의 책에서 누가는 몇몇 사람들에게 관심을 집중한다. 물론 누가복음의 중심은 예수님이시다. 예수님에 대한 누가의 분명한 관점은 예수님의 포괄성이다. 예수님은 버려진 사람들, 가난한 사람들, 무시당하는 사람들, 심지어는 미움 받는 사람들에게 놀랄 정도로 개방적이시다. 개방성에 대한 한 본보기는 예수님의 여자들에 대한 태도인데, 이것은 누가가 보유하고 있는 두 개의 이야기에서 나타난다. 예를 들어, 누가가 남자와 여자를 함께 - 누가복음 처음부터 끝까지 - 기록하고 있는 것에 주목하라: 엘리사벳과 사가랴, 안나와 시몬, 마리아와 요셉; 그리고 사도행전에서 아나니아와 삽비라, 아굴라와 브리스길라. 이 포괄성은 이방인과 유대인 모두를 포함한다. 하나님은 유대교를 거부하신 것이 아니라 사도행전 15장의 예루살렘 공회에서 나타나는 것처럼 '하나님의 백성'이라는 개념을 확대하신다.

사도행전 이야기는 처음엔 유대 공동체의 전도자인 베드로에 초점이 맞춰지고, 나중엔 이방인 선교 사역의 대표 모델인 바울에게 맞춰진다. 사도행전에서 종종 간과되는 인물은 사도의 명칭은 없지만 '놀라운 이적과 기사'를 행하는 스데반이다. 베드로와 바울 그리고 스데반은 의심할 여지없는 믿음의 영웅이고 다른 그리스도인들의 모범이지만, 누가의 우선적인 관심은 이들이 아니라 이들을 지도하는 하나님과 그리스도의 충실한 제자들이다. 그런데 누가에게 기도는 하나님이 이스라엘, 예수, 교회를 지도하고 지휘하는 수단이다.

누가복음에서 먼저, 그 후 사도행전에서 누가는 하나님이 처음엔 유대교를 통해서, 그리고 그리스도를 통해서, 지금은 교회를 통해서 온 세상을 끌어안으려고 손을 벌리신다는 그의 믿음을 제시한다.(Steven Plymale)

요약

누가를 포함해서, 복음서 기자들은 "내가 경험한 그리스도를 여러분과 함께 나누기를 원합니다."라고 말한다.

사도행전은 누가 당시에 유행했던 모험담 문체로 쓰였다.

누가복음은 갈릴리에서 시작해 유대인들의 권력 중심지인 예루살렘으로 이야기가 전개된다.

사도행전은 예루살렘에서 시작해 국제적 힘과 권력의 중심지인 로마로 이야기가 전개된다.

예수님에 대한 누가의 분명한 관점은 포괄성이다.

사도행전은 처음엔 베드로에게, 그 다음엔 바울에게 관심을 집중한다.

대화

왜 두 권의 책이 필요했을까? 누가복음과 사도행전은 문체가 어떻게 다른가? 또 강조점은 어떤 차이가 있는가?

■ 성경과 교재(50분)

누가복음의 전체 구조와 내용을 파악할 수 있도록 그룹으로 나누어 이야기와 사건들, 그리고 인물들의 전후 관계를 살피도록 하라. 그러고 나서 1과에서 했던 것처럼 누가복음 1장부터 차례대로 주된 사건들과 인물들을 요약하라. 다음에 제시될 구분이 도움이 될 것이다. 도입(1:1~4); 유아기, 소년기, 준비(1:5~4:13); 갈릴리 사역(4:14~9:50); 예루살렘으로의 여행(9:51~19:27); 예루살렘의 예수(19:28~21:38); 수난설화(22~23); 부활, 승천(24).

누가복음 1장 26~38절, 2장 41~52절, 10장 38~42절, 24장 13~35절을 찾아 읽으라. 각 구절들을 읽으면서 아래 질문들을 해 보라. '만약 이 구절이 없다면 예수님을 이해하는 데, 교회의 신학을 이해하는 데, 예수님에 대한 성경의 중요성을 이해하는 데, 그리고 우리에게 요구되는 것이 무엇인지를 이해하는 데에서 어떤 것들을 잃어버리게 될까?'

누가는 다른 신약성경 기자들보다 회개와 죄의 용서를 더욱 강조하고 있다. 그런 개념들이 나타나는 구절들에 주의를 기울이라. 누가복음 1:76~77; 3:3,8; 5:24; 13:3,5; 15:7,10; 17:3~4; 24:46~47; 사도행전 2:38; 3:19; 8:22; 10:43; 11:18; 13:38~39; 17:30; 19:4; 26:19~20.

■ 휴식(10분)

■ 말씀과의 만남(25분)
누가복음 1:26~38

이 구절을 처음 듣는 것처럼 들으라고 한 뒤, 누가복음 1장 26~38절을 큰 소리로 읽는다. 각자의 감상, 생각, 통찰, 질문들을 적고, 서너 그룹으로 나누어 토론하게 하라. 그러고 나서 개인적으로 본문을 다시 읽고 자신의 말로 바꿔 쓰게 한 다음, 두세 사람씩 모여 앉아 서로 읽고 듣도록 하라.

■ 세상 속으로(20분)

학생 교재 '세상 속으로' 부분의 질문들에 대답하라.

'우리의 모습'을 읽으라. 다음 질문들을 중심으로 토의하라. 누가복음과 사도행전에 대한 자신의 이해에 근거하여 '우리의 모습'이 제기하는 질문들에 대해 어떻게 대답하겠는가? '우리의 모습'은 어떤 종류의 사역을 요구하는가?

이번 주간의 사역을 구체화할 하나님의 말씀에서 얻은 메시지와 그에 따른 응답들을 서로 나누라.

■ 마침 기도(10분)
• 금주의 기도 제목들을 적으라.
• 영성 훈련을 위한 질문들을 주라.
 하나님이 주시는 의미와 방향으로 나의 마음 문이 열렸는가? 하나님이 침묵 속에서 말씀하실 때 나는 어떻게 알 수 있는가?
• 마침 기도를 하라.

18 | 우리에게 오신 구세주

■ 시작 기도(5분)

■ 이끄는 이야기(20~25분)

준비

예수님은 확고하게 이스라엘에 근거하고 있음을 나타내는 증거들에 유의하라.

과거로 여행하는 것이 가능하다면, 여러분과 나는 분명히 갈릴리로 가서 성장기에 있는 예수를 보고자 할 것이다. 신약성경이 예수님의 탄생부터 세례 요한을 만날 때까지의 기간을 거의 전해 주지 않기 때문에 우리는 갈릴리에서 우리에게 알려지지 않은 많은 것들을 알아낼 수 있을 것이다. 2000년 전은 어떠했을까? 동쪽으로 수천 마일 떨어진 거룩한 땅은 어떤 모습이었을까? 나사렛 예수를 둘러싼 삶들을 관찰하는 것이 가능할까?

다행스럽게도 우리는 예수님과 최초의 제자들의 모습을 그려 볼 수 있다. 그 시대의 문서들이 발견된 덕분이다. 수백 개의 유대 문서들 가운데 특히 사해사본이 중요하다. 이 문서의 기록자들이 생활했던 쿰란의 폐허가 된 건물과 함께, 이 문서는 오랫동안 잊혀졌던 예수님 당시의 생활상을 전해 준다. 기록자들은 어두움을 두려워했고 마귀와 연관 지어 생각했다. 심지어 그들은 '어두움의 천사'란 제목을 새겨 놓기도 했다. 1세기경의 등불이 예루살렘에서 발견되었다. 사해사본의 기록자들은 악마적 어두움을 물리치기 위해 이 작은 진흙 등불을 사용했고, 이것은 예수님의 비유 하나를 생각나게 한다. 예수님은 이렇게 작은 등불을 들고 그 안에 기름 채우기를 잊어버린 사람들 이야기를 하심으로써, 오실 분을 맞이할 준비를 제대로 하지 못하는 것을 경고하신다.

지금은 이스라엘 박물관에 전시되어 있지만 땅에 묻혀 있던 동전을 보는 것은 예수님의 또 다른 두 비유를 생각나게 한다. 그는 소중한 것들을 땅에 묻어버리는 것을 경고했다. 이 동전은 예수 당시에 통용되던 것이다. 성전 헌물함에 가장 작은 가치의 동전을 넣은 과부를 생각해 보라.

이런 것들이 예수님이 유대 전통에 여러 가지 모습으로 속해 있었음을 깨닫게 해 준다. 여기 한 예로, 과부의 동전은 예수님이 얼마나 예루살렘 성전을 경외했는지를 알려 준다. 그와 많은 유대인들은 성전이 정화되어야 한다고 생각했다. 복음서들은 예수께서 어떻게 성전의 환전꾼들을 쫓아냈는지 기록하고 있다. 그는 성전이 그의 아버지의 집이라고 선언한다. 성전은 장터가 아니라 기도하는 집이다.

예수님이 아셨던 성전은 훌륭하고 당당한 모습이었다. 이 건물의 장엄함이 이제 분명하게 나타났다. 영국에는 석기시대 후기의 장엄한 돌기둥 원형이 있고, 이집트에는 기념비적 피라미드가 있다. 돌기둥의 가장 무거운 돌은 약 50톤이나 된다. 피라미드의 가장 무거운 돌은 30톤 정도로 알려져 있다. 예수님 탄생 직전에 건축된 헤롯 성전의 가장 무거운 돌의 무게는 얼마나 될까? 엄청나게도 400톤이나 되며 어쩌면 더 무거울지도 모른다. 예수님의 제자들이 "선생님, 이 얼마나 큰 돌이고, 얼마나 큰 건물입니까!"라고 감탄한 것을 연상하게 된다. 이런 예상치 못했던 발견들은 예수님 당시의 유대교를 알려 주어 예수님의 가르침과 제자들의 말을 이해하는 데 도움을 준다.

1986년 갈릴리 바다의 진흙 속에서 발견된 작은 배는 복음서에서 잘 알려진 구절들을 다시 일깨워 준다. 예수님 시대에 배를 사용하였고 자주 수선하였다. 그 배는 약 1000년 동안 갈릴리 바다를 항해했던 배와 다르다. 고대 갈릴리 배는 아마도 13~14명이 탈 수 있었을 것이다. 폭이 매우 넓었지만 높이는 매우 낮았다. 몇 인치만 더 내려가면 갈릴리 바닷물이 넘쳐 들어올 정도였기 때문에 폭풍이 이는 바다에선 물이 쉽게 배 안으로 들어왔다. 이 배를 보고 있으면, 자신들의 배가 점점 물에 잠겨가는 것을 보면서 "선생님, 우리가 죽게 되었습니다."라고 외친 제자들의 위기를 더 생생하게 그려 볼 수 있다.

예수님에게 알려졌던 사해사본을 기록한 한 집단은 특히 중요하다. 유대 묵시문학적 기록들은 이 사본을 기록한 집단이 다른 어떤 사람들보다 중요하다는 것을 보여 준다. 사실 에스더서를 제외하고, 이 사람들이 기록한 모든 성문서를 사해사본 가운데서 발견할 수 있다. 이 문서들을 모아 놓은 것이, 여러분과 내가 구약성경이라고 부르는 것이다. 유의할 것은 사해사본 공동체가 세 개의 성경책들을 특히 중요시했다는 점이다. 그것은 이사야, 신명기, 그리고 다윗의 시편들이다. 이것들은 예수님에게도 매우 중요했다. 사해사본을 계속 연구한 덕분에 예수님이 이스라엘과 구약성경에 얼마나 근거하고 있었는지가 20년 전보다 훨씬 분명해졌다.

예수님은 홀로 죽으셨다. 그의 제자들은 모두 그를 버렸다. 세베대의 아들 야고보와 요한은 예수의 왕좌 옆에 앉을 수 있기를 요청했었다. 그의 제자 유다는 그를 배반했다. 그가 선택한 베드로는 그를 세 번씩이나 부인했다. 그러나 서기 30년 봄 어느 금요일 오후에 십자가 위에서 끝나는 것처럼 보였던 예수님의 삶은 그렇게 끝나지 않았다. 경이에 가득 찬 제자들은 부활한 예수님이 막달라 마리아와 베드로를 포함한 많은 사람들에게 나타났다고 선포했다. 이 확증은 생각할 수도 없는 것이었다. 그들의 하나님은 만물을 지으신 분이었다. 그들의 유대 종교는 최후의 심판 날에 죽은 자의 부활 개념을 발전시켜 왔다. 그들의 유대 전통은 엘리사(왕하 4:32~37)가 어떻게 죽은 아이를 다시 살려냈는지에 대한 설명을 포함하고 있다. 이제 산을 옮길 만한 믿음을 가지라고 가르치고 소경을 보게 했던 예수님은 제자들을 부활 공동체로 초대하신다. 믿음과 이스라엘의 희망에 근거한 이 유대인들은 복음을 들고 이 세상 구석구석으로 갔기에, 오늘날 우리가 "구세주가 나셨다."라고 외치는 것을 가능하게 하였다.(James Charlesworth)

요약

예수님을 둘러싼 삶을 재구성할 수 있는 것은 그 시대의 문서들이 발견된 덕분이다.

특별히 중요한 문서는 사해사본이다.

예수님은 유대적 전통에 속해 있다.

과부의 동전 두 닢에 대한 설명은 예수님이 얼마나 예루살렘 성전을 경외했는지를 보여 준다.

헤롯이 지은 성전의 가장 큰 돌은 놀랍게도 400톤이나 된다.

이러한 발견들은 예수의 가르침과 제자들이 한 말의 배경을 이해하는 데 도움을 준다.

1986년 갈릴리 호수의 진흙 속에서 발견된 배는 복음서에서 잘 알려진 몇몇 구절들을 다시 깨우쳐 준다.

에스더서를 제외한 모든 구약성경이 사해사본에 들어 있다.

사해사본 기자와 예수가 중요시했던 세 권의 책은 이사야, 신명기, 그리고 시편이다.

이제 예수님은 제자들을 부활 공동체로 초대하신다.

대화

다양한 발견들이 유대적 전통 속에 있는 예수님을 분명히 이해하는 데 어떻게 기여하는가?

우리가 예수님을 이해하는 데 있어서 사해사본으로부터 무엇을 얻을 수 있는가?

■ 성경과 교재(50분)

'메시아'라는 단어를 함께 정의해 보고, 구약과 유대교에서의 메시아 개념과 예수와 신약성경 기자들에 의해 재해석된 메시아 개념을 분명히 이해하라. 네 그룹으로 나누어 학생 교재의 주제들 – 세례 요한, 탄생 예보, 예수의 탄생, 그리고 예수의 시험 – 을 공부하고, 성서와 연결시켜 보라. "메시아가 여기 있다."라고 예수를 가리켜 말하는 누가의 단어들, 이미지들, 묘사들을 찾아보라.

'더 알아보기' 부분의 과제물을 해 온 사람이 있으면 함께 나누고, 아무도 하지 않았으면 그룹에서 하라.

예수님과 세례 요한 사이의 평행 구조에 특히 유념하면서 한 쌍이 되도록 적어 가며 매일 공부하라.

■ 휴식(10분)

■ 말씀과의 만남(25분)
누가복음 1:67~79

본문을 큰 소리로 읽으라. 상황을 분명히 하라. 서너 명씩 그룹으로 나누어 다시 읽으라. 각 구절에 언급되는 구약의 사건들, 이미지들, 개념들, 혹은 인물들을 분명히 하기 위해 한 구절씩 읽고 잠시 멈추라. 이렇게 하면서 끝까지 읽으라. 그리고 두 명이 한 조가 되어, 이 구절들에서 기독교의 신학 용어가 된 용어나 개념들을 찾아 정의해 보라.

■ 세상 속으로(20분)

요절을 다 함께 크게 읽고, 그 구절에서 누가가 예수님을 유대교 안에 위치시키고 있는 단어나 개념을 찾아보라. 학생 교재 '세상 속으로' 부분에 있는 질문들에 대답하고 그것을 중심으로 토론하라.

이번 주간의 사역을 구체화할 하나님의 말씀에서 얻은 메시지와 그에 따른 응답들을 서로 나누라.

■ 마침 기도(10분)
• 금주의 기도 제목을 적으라.
• 영성 훈련을 위한 질문들을 주라.
  나 자신과 남을 위한 기도를 어떻게 시작할 수 있는가?
  기도를 위한 훈련은 무엇인가?
• 마침 기도를 하라.

19 | 우리에게 기도를 가르쳐 주소서

■ 시작 기도(5분)

■ 이끄는 이야기(20~25분)

준비
마음가짐, 능력, 가능성으로 설명되는 기도에 유의하라.

성경에는 많은 종류의 기도가 있다. 개인 기도, 공동체 기도, 감사 기도, 탄원 기도, 위기에 처해 드리는 기도, 기쁠 때 드리는 기도, 용서의 기도, 구원을 비는 기도, 그리고 보통 사람들의 기도와 지도자들의 기도 등이다.

복음서, 특히 누가복음에서 우리는 예수님의 기도생활에 대해 읽을 수 있다. 기도에 대한 그의 가르침은 그의 사역에서 매우 중요한 비중을 차지한다. 예수님에게 기도는 매우 중요한 것이었다. 그러므로 우리의 제자 됨을 심각하게 생각해 본다면, 우리도 제자들처럼 "주여, 우리에게 기도를 가르치소서."라고 말하게 된다.

기도를 다음의 세 단어로 생각해 볼 수 있다.

기도는 마음가짐이다: 기도는 신앙의 마음가짐으로 시작하고, 신앙의 마음가짐은 기도로 시작한다. 하나님께 기도함으로써 기독교 신앙과 생활에 중요한 마음가짐을 가지게 된다. 기도함으로써 우리는 따지던 마음가짐에서 신뢰하는 마음가짐으로, 생각하기보다 회개하는 마음가짐으로, 자기중심적 명상에서 하나님과 대화하는 것으로, 자기 신뢰에서 하나님을 의지하는 것으로, '나' 중심에서 하나님 중심으로 바뀌게 된다. 따라서 전에는 개념적이었던 신앙이 관계적 신앙(relational faith)으로 나아간다. 여기에 신앙의 능력이 있다.

기도는 능력이다: 기도 안에서 우리는 성령을 통하여 하나님과 연결되고, 그로 인해 우리 능력의 한계를 넘어서게 된다. 예수님 시대와 초대교회 시대에 비범한 능력들이 기도를 통해 수없이 행사되었다. 그러나 그러한 사건들과 서술들이 문자적으로 받아들이기엔 현대의 경험과 너무나 소원하여 평가절하되는 경향이 있고, 그로 인하여 오늘날 신앙생활에서 기도가 별로 중요하지 않은 것처럼 되어 버렸다.

그러나 우리가 과학적 지식이 지배하는 시대에 살고 있기 때문에 다르게 경험할지는 몰라도, 기도는 오늘날에도 실재한다. 기도는 여전히 신앙생활 속에서 우리에게 하나님의 능력을 전해 준다. 오늘날에도 기도는 사물을 변화시킨다.

무엇보다 기도를 통해서 우리 자신이 변화된다. 죄를 고백하고 용서를 경험하며 회개의 실제성을 체험한다. 기도는 치유하고 사회를 변혁시킨다. 기도를 통하여 우리는 더욱 그리스도께 헌신한

다. 기독교 신앙은 기도를 통해 자란다.

영적 능력은 기도를 통해 체험된다. 그러나 실제로 기도하지 않으면 그 능력을 알 수 없다. 우리는 기도를 과학적으로, 철학적으로, 심리학적으로, 신학적으로 연구하고 분석할 수 있지만, 실제로 기도하지 않으면 기도의 능력을 경험할 수 없다. 이것은 수영 배우기와 같다. 머리로는 수영에 대해 모든 것을 알 수 있지만, 실제로 물에 뛰어들기 전까지는 물에 뜨게 하는 부력을 경험할 수 없다.

처음에는 우리의 믿음이 작지만, 계속 기도하다 보면 믿음이 점점 자라나는 것을 발견하게 된다. 하나님께 기도하지 않으면, 우리의 삶 속에서 살아 역사하시는 하나님을 체험할 수 없다.

엄청난 변화와 성장을 하고 있는 한국 교회와 흑인 교회들로부터 기도의 능력을 배울 수 있다. 개인적으로 그리고 함께 기도하는 사람들이 있는 곳에서 기독교는 성장한다.

기도는 가능성을 증가시킨다: 주님은 믿음이 없는 제자들에게 "믿음이 있으면 능치 못할 일이 없다."고 말씀하셨다. 우리가 기도할 때 영적 세계의 모든 가능성이 열린다.

중보 기도는 신앙 공동체의 능력을 체험할 수 있는 좋은 방법이다. 다른 사람들의 필요와 유익과 번성을 위해 기도하고 변화를 경험해 보라. 그렇지만 기도는 반드시 진실하고 간절해야 한다. 중요한 것은 기도할 때 전적으로 하나님을 의지하고, 또 동시에 그 기도가 이루어지도록 우리가 할 일을 다 했는지 안 했는지에 따라 결과가 달라질 수 있다는 점이다.

내가 경험한 중보 기도의 능력을 소개하고자 한다. 우리 가족은 한국전 때 아버지를 잃어 그 후의 생활이 참으로 말이 아니었다. 어머니는 예수님을 믿기 시작한 지 얼마 안 되셨지만, 기도의 능력을 깨달으셨다. 그리고 내가 기독교인이 되도록 많은 시간을 하나님 앞에서 기도하셨다. 그때 나는 무신론을 신봉하는 십대였다. 그 즈음, 한 친구가 나에게 로마제국 치하에서 박해당하는 초대 기독교인들의 이야기인 「쿼바디스」를 빌려 주었다. 그 책을 읽으면서 나는 깊은 감동을 받았고, 이내 기독교인이 되었다.

나중에 내 형제자매들은 모두 목회자가 되었다. 나는 장남으로서 여전히 우리가 피난민일 때 목회자로 부름을 받았다. 나는 미 해군 군목의 통역관이 되었고, 그의 설교를 통역하다가 목회자의 길을 걷게 되었다. 내 동생도 목회자가 되었고, 두 자매도 신학 공부를 하고 신학생들과 결혼했다.

오늘날 우리 모두는 목사로서 연합감리교회를 섬기고 있다. 우리가 이렇게 된 것은 어머니의 신실하고도 열정적인 중보 기도가 있었기 때문이라는 것을 나중에 깨달았다. 어머니는 이렇게 기도하셨다. "저는 불쌍한 피난민 과부입니다. 자비하신 하나님, 저는

당신께 드릴 게 별로 없습니다. 다만 저의 네 자녀를 당신께 드립니다. 받아 주셔서 당신의 교회를 위하여 사용해 주시옵소서."

예수님은 기도생활의 모델이 되실 뿐만 아니라 우리에게 기준으로 삼을 수 있는 기도문을 주셨다. 우리가 주기도문을 외우고 그 기도대로 산다면, 우리는 기독교인의 삶을 사는 것이다. 예를 들어, "하늘에 계신 우리 아버지."라고 기도하며 그대로 믿으면, "나라가 임하옵소서." 그리고 "당신의 뜻이 이루어지이다."라고 기도하며 그렇게 되도록 헌신하면, "우리에게 일용할 양식을 주옵시고."라고 기도하며 그 양식이 정말 하나님께 달려 있는 것으로 믿으면, 그리고 '우리'라는 말을 사용하여 기도하면서 온 세상의 모든 이들을 사랑하고 포용한다면, 매일 먹을 양식을 위한 기도가 배고픈 인류를 위한 기도가 된다면, 죄 사함을 빌면서 가장 가까운 사람들과 우리의 적들까지도 기꺼이 용서하면, 기도의 능력은 개인 생활뿐만 아니라 온 세상에서 체험될 것이다. 우리는 하나의 기도, 즉 주기도문의 사람들이다. 우리가 정말 기도하고 그 기도대로 살면 얼마나 능력 있는 공동체가 될까?(김해종)

요약

누가복음에서 기도에 대한 예수님의 가르침은 그의 사역에서 중요한 부분이다.

우리는 기도함으로써, 따져 생각하는 자기중심적 명상에서 믿고 의지하며 하나님과 대화하는 하나님 중심적 마음가짐으로 변화된다.

기도할 때 우리는 성령을 통해 하나님과 연결된다. 그리하여 우리 능력의 한계를 넘어설 수 있다.

기도할 때 영적 가능성들이 열린다. 예수는 좋은 기도문을 우리에게 주셨다. 주기도문대로 기도하고 그대로 산다면, 우리는 기독교인의 삶을 사는 것이다.

대화

기도가 우리를 어떻게 변화시키는가? 기도가 어떻게 우리의 능력을 강화시키는가? 우리는 어떻게 주기도문대로 살 수 있는가?

■ 성경과 교재(50분)

기도에 대해 공부할 때의 경험들을 서로 이야기하라. 기도에 대해 성경 말씀을 읽거나 실행에 옮기면서 발견한 것들, 또는 매일 기록해 두었던 것들과 질문들을 사용하라. 다음 질문을 하라. '공부하면서 기도생활에 도움이 되고 도전이 되었던 것은 어떤 것이며, 왜 그렇게 되었나?'

기도에 대한 누가의 강조는 사도행전에서도 계속되는데, 그는 기도의 많은 경험들을 기록하고 있다. 다음의 구절들을 찾아 읽으라. 사도행전 1:24; 4:31; 6:4; 7:59; 8:15; 9:11,40; 10:30~31; 11:5; 12:5,12; 13:3; 14:23; 16:13,25; 20:36; 21:5; 22:17~18; 28:8. 각각의 구절들의 상황을 살피라. '기도를 드릴 때의 상황에서 무엇이 중요한가? 기도의 성격은 무엇인가? 이 기도가 중요했던 삶의 상황은 무엇인가? 우리의 삶에서 어떤 경우들이 이것들과 비슷한가?

■ 휴식(10분)

■ 말씀과의 만남(25분)
누가복음 18:1~14

두 사람씩 짝지어 두 비유를 조용히 읽으라. 그러고는 하나의 비유에 집중하여, 다음엔 두 번째 비유에 집중하여 다시 읽으라. 각 비유의 요지를 밝히고, 비유의 전개 속에서 그 요지에 어떤 일이 일어났는지 밝혀 보라. 개인적 기도생활을 위해서 비유가 지닌 의미에 대해 이야기하라. 두 번째 비유도 그렇게 하라. 두 비유의 요지와 같은 뜻을 가진 자기 자신의 비유를 써 보라. 각각 하나의 비유에 집중하라. 각자의 비유를 돌아가며 읽으라.

■ 세상 속으로(20분)

'우리의 모습'으로 시작한다. 조용히 내용을 읽고, 언제 어떻게 이것을 경험했는지 서로 이야기하라. '여기에 묘사된 필요에 대한 대답으로서의 기도를 어느 정도 발견했는가?' 그리고 교재에 있는 질문에 어떻게 응답했는지 서로 나누라.

이번 주간의 사역을 구체화할 하나님의 말씀에서 얻은 메시지와 그에 따른 응답들을 서로 나누라.

■ 마침 기도(10분)
• 금주의 기도 제목들을 적으라.
• 영성 훈련을 위한 질문들을 주라.
  나는 내 죄를 어떻게 고백할 수 있는가?
  나 자신을 자유롭게 하는 진정한 나의 모습은 어떤 것일까?
• 마침 기도를 하라.

20 | 그의 선하심을 경멸함

■ **시작 기도(5분)**

■ **이끄는 이야기(20~25분)**

준비

누가복음이 묘사한 예수님의 사역과 사도행전이 묘사한 사도들의 사역이 평행을 이루는 것에 주목하라.

이 부분에 대한 누가복음과 사도행전의 구절들은 초대 기독교 운동의 몇 가지 근본적인 특징을 보여 주는 데, 첫째는 예수님 사역에 관한 것이고, 둘째는 예수님의 죽음 이후 제자들의 사역에 관한 것이다. 누가복음과 사도행전의 저자는 끊임없이 가르치고 위대한 이적을 행하시는 예수님을 묘사한다. 더 나아가 예수님의 역할을 사회적으로 소외된 사람들을 찾아가고, 가차 없이 사회를 비평하시는 존재로 그리고 있다. 끝으로 저자는 이 두 가지 역할의 결과, 즉 놀라움, 찬양, 환영, 그리고 동시에 심한 반대와 박해를 그리고 있다. 예수님에 관한 이러한 복음서의 묘사는 제자들의 가르침과 위대한 행위들에 대한 사도행전의 묘사들과 정확히 평행을 이룬다.

매우 다양한 유형의 사회에 살고 있으며, 매우 다른 교회에서 신앙생활을 하는 현대 기독교인들에게 누가복음과 사도행전에 묘사된 초대 기독교 운동의 근본적인 특징들은 심각한 문제를 제기한다. 사실, 예수님과 제자들 사이에 있었던 평행 구조가 예수님의 제자로 오늘을 살아가는 우리에게 어느 정도 확장될 수 있는가?

사역의 첫 번째 특징은 분명하다. 가르침과 위대한 행위들이 핵심을 이룬다. 나사렛 회당에서 사역을 처음 시작할 때부터 예수님은 마을과 마을 회당 어디서나 가르쳤을 뿐만 아니라 병을 고치고 귀신을 내쫓는 큰 이적들을 행하셨다. 이런 사역은 공개적이다. 가르침은 독특한 권위가 있었고, 이적들은 매우 강력했다. 사실 가르침과 이적은 서로를 강화시킨다. 이적의 특성은 가르침의 본질 속에 자리하고 있고, 가르침의 권위는 이적의 힘에 의해서 고양된다. 마찬가지로 성령을 받고 난 제자들은 매우 공개적으로 예수의 가르침과 이적을 재연하기 시작한다. 따라서 예수와 제자들의 공적인 삶은 계속적인 가르침과 경이로운 이적들로 특징지을 수 있다.

사역의 두 번째 특징도 매우 선명하다. 가능한 넓게 뻗어 나가는 것과 가능한 많은 질문을 던지게 하는 것이다. 가르침과 이적들을 통해서 나타나는 예수님의 역할은 사회적 강화와 인정이 아니라 오히려 도전과 사회 비평이다. 사실 사역의 본질은 처음부터 매우 다른 청중의 용어로 서술된다. 나사렛 회당에서의 사건이 말해 주는 것과 같이, 사역은 사회적으로 소외된 자들, 국외자들 - 가난한 자, 눈 먼 자, 못 걷는 자, 억압당하는 자, 이방인 - 을 향해 나간다. 따라서 사역은 매우 포괄적으로 묘사된다. 사역은 기존의 사회적·종교적 관습을 무시하거나 공격한다. 하나님 나라에 대한 설교에서 사회적·종교적 법이나 관습들은 죄인들, 소외된 자들을 찾는 일 다음에 온다. 이러한 예수님의 사역을 통해서 사회의 근본적인 가치가 바뀐다. 귀족들이나 사회적으로 인정되는 부류의 사람들은 일축되고 죄인들과 사회적으로 소외된 자들이 예수님에게 온다. 더욱이 사역을 통해 선택의 개념이 바뀐다. 선택된 백성은 임무를 감당하지 못했고, 하나님의 초대가 이방인들에게로 확장된다. 제자들의 사역에서도 똑같이 소외된 자들에게 관심하고 사회를 비판하는 유형이 나타난다.

세 번째 특징도 명확하다. 사역의 결과는 받아들임과 거부를 모두 포함한다. 나사렛 회당의 장면은 계획적이다. 한편으로 예수님의 가르침과 이적은 승인과 놀라움을 불러일으켜서 그의 명성은 퍼져 나가고 사방에서 그를 찾고자 한다. 그의 사역은, 사람을 낚는 어부가 되기 위해서 기존의 생활양식을 뒤로 한 사도들과 제자들에게 매력적이다. 동시에 그의 사역은 분노와 분개, 반대와 비난, 권위를 증명해 보라는 요구와 감시, 과격한 반대와 그를 제거하려는 음모를 초래한다. 사역이 전개될수록 귀족들이나 사회적으로 인정된 힘 있는 사람들의 반대가 거세진다. 사도들의 사역에서도 똑같은 양상이 나타난다. 한편으론 인정과 놀라움, 그리고 더 많은 제자들이 따르게 되고, 다른 한편으론 위협과 옥에 갇히는 과격한 반대와 그들을 제거하려는 음모가 나타난다.

오늘날 대교단에 속해 있는 현대 기독교인들에게 누가복음과 사도행전에 나타난 초대 기독교 운동의 모습은 면밀한 독서와 깊은 명상에 따라 다음과 같은 문제의식을 요구한다. 첫째, 이적들은 대교단의 교회에서 완전히 사라졌을 뿐만 아니라 혹시 일어난다 해도 의심의 눈초리로 바라본다. 이와 비슷하게 종교가 매우 복잡한 매일의 삶의 한 측면이 되지 않는 한, 가르침은 계속되지 않는다. 둘째, 기존 교회에서는 사회에 대한 도전과 비판의 역할을 찾아보기 어렵다. 사실상 인정과 강화가 규범이 되었다. 마지막으로, 승인과 성장이 가치 있는 목표로 여겨지기 때문에 어떤 종류의 반대도 공격적이고 회피해야 할 것으로 여긴다. 따라서 현대 기독교인들은 예수님과 그 제자들의 급진적인 결단을 의심할 바 없이 찬탄하면서도, 자신들의 삶에서 비슷한 결단을 내려야 할 때는 그것을 꽤 무모하고 비생산적인 것으로 생각하는 것 같다.

그러나 깊이 있는 독자들은 '누가복음과 사도행전의 비전이 현대인들에게는 아무런 의미도 없는 것인가?' 라는 질문을 계속하게 된다. 적절한 대답을 찾기 위해 할 수 있는 한 가지 방법은 우리의 삶과 사회를 검증해 보는 것이다. 우리는 아직도 가난한 자, 장애인, 억압받고 있는 사람들, 그리고 이방인들을 찾고 있는가? 우리는 정의의 이름으로 행해지는 불의, 자유의 이름으로 행해지는 학대, 선의 이름으로 행해지는 악을 보고 있는가? 우리는 자기 문제에만 신경을 쓰면서 살고 있지 않은가? 우리의 시대적이고 문화적인 것이 제거된 누가복음과 사도행전은 심각한 도전을 준다. 우리의 대답은 열려 있고 명확해야 한다. 그 결과들은 기독교인으로서 우리의 삶과 우리의 가르침과, 우리의 행위에 막대한 영향을 미친다.(Fernando Segovia)

요약
누가복음과 사도행전의 저자는 위대한 행위와 가르침을 계속하는 예수님을 묘사한다.

저자는 사회적으로 버림받은 사람들을 찾아가고, 사회 비평가로 활동하는 예수님을 묘사한다.

저자는 이 두 역할의 결과를 묘사하고 있는데, 하나는 놀라움, 찬양, 인정인 반면에 다른 하나는 심한 반대와 박해다.

누가복음의 예수님 사역에 대한 묘사는, 사도행전의 제자들의 위대한 행위와 가르침에 대한 묘사와 평행을 이룬다.

대화
예수님의 사역과 제자들의 사역의 본질은 무엇인가? 예수님과 제자들의 사역은 현대 기성 교단에 속해 있는 사람들에게 어떤 도전을 주는가?

■ 성경과 교재(50분)
한 주간 성경을 읽으면서 매일 기록한 것들과 사람들이 왜 예수님을 거부했는지를 말해 주는 관련된 성구들을 이용하라.

다음 질문을 생각해 보라. 예수님의 사역 가운데 현대 기독교인들을 화나게 할 만한 것이 있는가? 자신이 속한 교단을 생각해 보라. 예수님과 그의 복음이 교단에서 어떻게 소개되고 있는가? 혹시 예수님에 대해 어떤 특정한 방법으로 말하는 것은 받아들여지지 않는가? 우리의 이미지에 예수를 끼워 맞추기 위해서 우리는 교회 안에서 어떻게 일괄적으로 생각했는가? 하나님의 통치 안에서 기득권자들이 아니라 가난한 사람들이 사랑받는다는 복음서의 메시지를 우리는 어떻게 기꺼이 들을 수 있는가?

두 그룹으로 나누어, 예수님을 반대하는 이유를 현대적으로 적어 보라. 한 그룹은 한 교회의 회중에 초점을 맞추고, 누가복음 4장 16~30절에 근거하여 현대적 등장인물과 논쟁점들, 그리고 그

에 따른 반응들을 섞어 가며 적는다. 다른 그룹은 한 교인의 집에서 저녁식사 파티를 하는 것으로 가정하고, 역시 현대적 등장인물과 논쟁점들, 그리고 그에 따른 반응들을 섞어 가며 누가복음 14장 1~24절에 근거하여 적는다. 두 그룹의 내용을 들어 본다.

■ 휴식(10분)

■ 말씀과의 만남(25분)
누가복음 20:9~19
이 비유를 크게 읽는다. 서너 명씩 그룹으로 나누어 비유에 나와 있는 대로 해 본다. 다음 질문들을 중심으로 토의한다. 예수께서 이 비유를 이야기하셨을 때, 의도했던 바는 무엇인가? 이 비유를 처음 들은 사람들에게 이것은 무엇을 의미했다고 생각하는가? 이 비유는 오늘의 교회에 어떤 의미를 주는가? 이 구절은 우리에게 무엇을 말하는가?

■ 세상 속으로(20분)
근처의 유대교 사람들과 사귈 수 있는 방법을 찾아보고, 공동의 신앙 유산을 서로 나누며 기뻐할 수 있는 방안을 생각해 보라. 또 서로의 신앙을 이해하며 성장할 수 있는 길을 고려해 보라.

'우리의 모습'을 크게 읽으라. 어떻게 이 조건 속에서 매일 살고 있는지 이야기하라. 다음 질문에 대해 토의하라. '이 내용에 대해 성경은 무엇을 말하는가?'

이번 주간의 사역을 형성할 하나님의 말씀에서 얻은 메시지와 그에 따른 응답들을 서로 나누라.

■ 마침 기도(10분)
• 금주의 기도 제목들을 적으라.
• 영성 훈련을 위한 질문들을 주라.
  지금 나의 생활양식과 섬기는 삶의 자세는 어떻게 다른가?
  다른 사람들의 필요에 부응하려면 내 삶의 방식 중에 무엇을 바꾸어야 할까?
• 마침 기도를 하라.

21 | 우리에게 살 길을 가르쳐 주소서

■ 시작 기도(5분)

■ 이끄는 이야기(20~25분)

준비

세 가지 강조점에 주목하라. 왕으로서의 그리스도, 예수께서 이 이미지를 나타내는 방법, 하나님의 길을 가르치는 교사로서의 예수

누가복음에 나타난 예수님의 전체적인 모습은 참으로 놀랍다. 우리는 다음과 같이 요약할 수 있다. 예수님은 왕 같은 그리스도시다!

6장에서 9장까지 공부하면 이것이 계속 강조되는 것을 알 수 있다. 예를 들어, 예수님이 믿지 않는 자들, 특히 종교 지도자들에게 도전하실 때, 그가 고통과 괴로움까지도 지배한다는 것을 단적으로 보여 주는 병 고침에서, 또 죄 많은 여인을 긍휼히 여겨 용서하여 주실 때, 예수님이 평범한 사람들에게 또 제자들에게 특별한 영감을 가지고 권위적인 방법으로 가르치실 때, 죽은 야이로의 딸을 살려 내거나 폭풍을 잔잔케 하는 것과 같은 이적을 행하실 때, 우리는 왕으로서의 그리스도의 모습을 읽을 수 있다. 그러나 그 무엇보다도 변화산에서의 예수님, 여기서 예수님은 시골 전도자에서 왕 같은 그리스도가 되셨다.

이러한 것들을 감안할 때 군중이 예수님을 따른 것은 당연하다. 그 죄 많은 여인은 예수의 발 아래 엎드렸고, 제자들은 예수가 이스라엘의 메시아라고 선포했다. 이 모든 것은 누가복음의 독자들이 하나의 전체적인 진리를 쉽게 발견할 수 있도록 한다. 예수님은 왕 같은 그리스도시다.

예수님을 왕 같은 그리스도로 묘사하는 것은, 당시 이스라엘에 매우 잘 알려진 두 가지 사고의 기준을 제공한다. 첫째 기준은 '왕 같은' 이라는 말에서 나타난다. 누가는 이스라엘에서 가장 잘 알려진 왕이요 시인인 다윗보다 예수가 더 위대하다는 것을 독자들에게 알리려 한다. 우리 주님은 고귀한 왕족의 모든 요건을 – 강하고, 매우 종교적이며, 심판에 공의롭고, 모든 사람들을 보호한다 – 갖춘 완전한 왕으로 묘사된다.

누가복음 1장 46~55절 '마리아의 송가' 에서 하나님은 이스라엘에게 강력하고 사랑하는 왕으로 찬양된다. 하나님은 잘못된 권력과 탐욕을 추방하고 가난하고 힘없는 자들을 일으켜 권위와 영광의 자리에 세운다. 이런 사랑과 정의의 행위가 백성을 위하여 악한 세력들과 맞서는 예수님의 삶에 반영될 것이라는 것은 분명하다.

'왕 같은' 그리스도로서의 예수는 또한 거룩한 전사(Warrior)다. 구약에는 전능자가 이스라엘의 적들과 대적하는 기록들이 많이 있다. 하나님은 특별한 군사 지도자를 세우거나 놀라운 방법으로 그들의 역사에 개입하심으로 그 일을 행하셨다. 예수님은 이 일을 계속 하셨는데 단 한 가지 중요한 차이가 있다. 전쟁은 더 이상 싸움터에서 일어나지 않고 인간의 마음속에서 일어난다! 예수님은 가장 깊은 수준, 즉 영적인 수준에서 적들과 대적하신다. 어떤 인간의 무기도 여기서는 소용이 없다. 오히려 예수님의 고난과 죽음이 악을 이기는 방법이 된다. 또 예수님의 부활은 그의 왕 같은 권세의 거룩한 현시다. 이제, 다윗보다 위대한 예수님은 하늘의 왕국을 여신다.

이제 우리의 관심을 '그리스도' 에게로 옮겨 보자. 복음서 기자들에게 이 말은 예수님이 모세보다 위대하다는 것을 나타내는 것이다. 모세는 구약에서 이스라엘을 이집트의 학대에서 해방시킨 인물이다. 예수님 또한 그의 백성을 죄와 억압과 절망의 사슬에서 구원하시기 위해 오신 해방자 – 구세주 – 기름부음을 받은 자이시다.

누가복음 1장 78~79절은 스가랴의 예언 부분인데, 여기서 예수님은 우리에게 빛을 가져다주어 어두움에서 평화의 길(혹은 그의 빛의 길)로 나아갈 수 있도록 하는, 높이 돋는 해로 묘사된다.

우리가 지금 공부하고 있는 부분을 완전히 이해하기 위해서는 반드시 누가복음을 전체적으로 보아야 한다. 기록된 사건들은 그 앞뒤의 기록들과 서로 연관되어 있다. 기름부음 받으신 예수님은 죽고 그리고 부활하신다. 이것이 그의 메시아 됨에 대한 희망의 근거가 된다. 우리는 그를 따르는데, 죽음으로가 아니라 생명으로다!

우리는 그리스도의 제자들이다. 즉 그의 학생들이다. 그는 '왕 같은 그리스도' 일 뿐만 아니라 하나님의 길을 가르치는 선생이시다. 우리가 주님으로부터 배우는 가장 기본적인 교훈이 누가복음 9장 23절에 있다.

"아무든지 나를 따라오려거든 자기를 부인하고 날마다 제 십자가를 지고 나를 따를 것이니라."

그러므로 예수 그리스도의 제자들로서 우리는 자신을 부인해야 한다. 이는 우리 삶과 운명을 스스로 통제하려 하는 것이 아니라 하나님께 맡겨야 한다는 뜻이다. 우리는 십자가를 져야만 한다. 이것은 다른 사람들을 위한 예수님의 고난에 기꺼이 동참해야 한다는 것을 뜻한다. 우리는 신실하게 예수를 따라야 한다. 하나님을 전적으로 의지하고, 예수님의 아낌없이 주는 사랑을 실천하면서 날마다 그의 가르침대로 살아야 한다. 기독교인의 삶을 더 잘 이해하고 발전시키기 위해서 빌립보서 2장 5~11절을 읽고 공부하기를 권한다.

이것이 6장에서 9장까지에 나와 있는 누가의 전체적인 관심이다. 왕 같은 그리스도가 우리에게 그의 제자가 되도록 부르신다. 이제 우리는 그것이 우리의 삶에 정확하게 무엇을 뜻하는지 알아야 할 필요가 있다.(Jerry Mercer)

요약

예수님을 '왕 같은 그리스도'로 묘사하는 것은, 그 당시 인기 있었던 두 가지 사고 기준을 하나로 모으는 것이다.

누가는 독자들이 예수님을 다윗과 모세보다 위대한 분으로 생각하기를 바란다.

예수님은 그의 고난과 죽음을 통해 모든 악을 물리치는 거룩한 전사(戰士)다.

예수 그리스도의 제자로서 우리는 자신을 부인하고, 십자가를 지고 예수님을 따라야 한다.

대화

이스라엘 역사 속에서 어떤 개념들이 예수님을 왕의 이미지로 표현하는 데 기여했는가? 예수의 어떤 행동들이 이 이미지를 나타내는가? 예수님을 따르는 사람들은 하루하루를 어떻게 살아야 하는가?

■ 성경과 교재(50분)

누가복음 6장 17절에서 9장 6절 사이에 있는 모든 사건에서 예수님은 사역을 감당하기 위한 제자들의 역할을 준비시키신다. 서너 명씩 그룹을 나누어 교재를 읽고, 제자는 무엇과 같아야 하는지, 무엇을 해야 하는지, 하나님과 어떤 관계 속에 있어야 하는지, 이웃과는 어떤 관계를 맺어야 하는지, 소유하는 것에 대해서는 어떻게 생각해야 하는지에 관한 가르침을 찾아보라. 제자들의 삶의 방식에서 무엇을 배울 수 있는지 토론하라. 주중에 기록한 내용들을 사용하라. 학생 교재 '말씀 속으로 - 예수님의 삶의 양식'에 있는 질문들에 답하라.

누가복음 9장 7~50절에 기록된 사건들은 예루살렘과 그곳에서 예수가 맞이하게 될 사건들을 제시한다. 본문을 아래처럼 나누어 보라. 9:7~9, 10~17, 18~22, 23~27, 28~36, 37~43a, 43b~50. 각 부분에 아래 질문들을 적용해 보라. 예수의 수난에 대한 예언이나 징표를 함축하거나 확실하게 하는 것은 무엇인가? 이러한 사건들이 의미하는 바를 제자들은 얼마나 심각하게 이해하고 있는가?

■ 휴식(10분)

■ 말씀과의 만남(25분)
누가복음 9:10~17

본문을 크게 읽으라. 서너 명씩 그룹으로 나누어 다음 질문들을 사용하며 본문과 대화한다. 본문이 말하는 것은 무엇인가? 본문 기자가 의도했던 바는 무엇인가? 첫째 질문에 각각 응답하고 다음 질문을 하라. 다른 그룹도 그렇게 하라. 본문을 더 잘 이해할 수 있도록 대답들을 계속 탐구하라. 다음 질문들로 토의하라. 이 이적은 거기에 있던 사람들에게 무엇을 의미하는가? 이적은 우리에게 무엇을 의미하는가? 이 이야기에서 하나님이 우리에게 하고자 하시는 말씀은 무엇인가?

■ 세상 속으로(20분)

학생 교재 '세상 속으로' 부분의 질문들로 시작하고 각자의 정보들을 교환하라. 도움이 필요한 사람들에게 도움을 주는 단체들에 관한 폭넓은 정보를 얻고자 할 때 요구되는 질문들을 생각해 보라. 그것을 염두에 두고 '우리의 모습'을 크게 읽으라. 우리가 매일같이 이 내용을 어떻게 경험하는지 말해 보라. 영성 훈련(봉사)도 함께 나누라. '살아가는 방법을 우리는 어떻게 알 수 있나?'에 대해 토론하라.

이번 주간의 사역을 구체화할 하나님의 말씀에서 얻은 메시지와 그에 따른 응답들을 서로 이야기하라.

■ 마침 기도(10분)
• 금주의 기도 제목들을 적으라.
• 영성 훈련을 위한 질문들을 주라.
  나의 요구가 조절된다면, 오늘 내 삶은 어떻게 달라질까?
  나 자신에게 집중하지 않으면서 어떻게 유용하면서 동시에 유연한 사람으로 살아갈 수 있을까?
• 마침 기도를 하라.

22 | 하나님 나라의 표적들

■ 시작 기도(5분)

■ 이끄는 이야기(20~25분)

준비

예수께서 예루살렘으로 여행한 기록을 단순히 지역을 옮겨 가는 것이 아니라 신학적인 여행으로 읽어 보라.

우리는 예수님을 따라서 예루살렘 여행을 시작할 것이다. 이 여행은 누가복음에서 열 장에 걸쳐 소개되고 있다. 우리의 여행은 북갈릴리 지방의 가이사랴 빌립보 지역에서 출발해 예루살렘에서 종려주일을 준비하는 것으로 끝난다. 이 시기의 정치적 상황을 먼저 살펴보자. 예수님과 그의 제자들이 공개적으로 복음을 전파하고 있을 때 분봉왕 헤롯은 세례 요한을 처형하였다. 예수님은 제자들에게 물러나야 한다고 말했고, 이것은 물론 헤롯이 다스리는 지역에서 철수하는 것을 뜻했다. 이 후퇴 이야기는 가이사랴 빌립보에서의 위대한 신앙 고백으로 절정을 이루는 제자들의 훈련과 변화산 사건에 초점을 맞추고 있다. 높은 산 위에서 베드로와 야고보와 요한은 예수께서 모세와 엘리야와 함께 이야기하는 것을 보았다. 이것은 제자들이 율법을 대표하는 모세와 예언자를 대표하는 엘리야가 영적으로 예수님과 연속성이 있음을 이해했다는 것을 뜻한다. 예수님은 산을 내려오시면서 예루살렘으로 올라가겠다는 결심을 굳히셨다. 예루살렘은 가장 좋은 것과 또 가장 나쁜 것의 상징이라고 말할 수 있다. 백성에게는 희망이기도 하고 두려움이기도 하다. 그리고 예수님은 그 시대의 정치적, 사회적, 종교적으로 미심스러운 생각들을 회피할 수가 없었다. 예수님과 그의 제자들은 함께 예루살렘으로 갔지만 완전히 다른 두 길을 택한다. 그의 제자들은 하나님 나라의 권세와 영광이라는 생각에 사로잡힌다. 우리는 예루살렘으로 가는 도중에 제자들이 누가 가장 큰지 다투는 모습을 읽을 수 있다. 그러나 예수님은 반대로 고난받는 종의 길을 택하신다. 예수님은 세 번이나 그의 고난에 대해 말씀하셨지만, 제자들은 그의 말을 이해하지 못한다. 예수님은 이 부분에서 왕국과 하나님 나라에 대해 비유로 말씀하신다.

이 예루살렘 여행이 마가복음에서는 어떤 틀 속에서 기록되고 있는지 아는가? 여행은 벳새다에서 제자들이 고쳐 주지 못한 소경을 예수가 고쳐 주는 것으로 시작해, 여리고에서 소경 바디메오를 고쳐 주는 것으로 끝난다.

누가복음 19장을 보면, 누가도 여리고에서 소경을 고쳐 주는 것으로 끝맺고 있다. 이 두 소경 이야기를 통해서 복음서 기자들이 하고 싶었던 말은 "보라, 예수의 제자들도 이 두 소경처럼 눈먼 사

람들이 아닌가!"다.

우리가 이 여행을 추적해 보면, 헤롯 안디바(Herod Aantipas)가 지배하던 갈릴리 지방에서는 예수님이 체포될 위험에 처해 있었기 때문에 그가 갈릴리를 피해 헤롯 빌립(Herod Phillip)이 지배하는 지역으로 가는 것으로 여행이 시작되는 것을 알 수 있다. 그는 예루살렘으로 가는 도중에 벳새다에서 소경을 고쳐 줌으로써 마지막을 고하고, 갈릴리 위쪽과 사마리아 아래쪽의 계곡들을 통과해서 갈릴리를 빠져 나온 뒤 요단 강 맞은편의 베뢰아를 계속해서 통과한다. 이곳은 비가 적게 오는 건조한 지역이다. 복음서에는 식사와 관계되는 비유들이 많다. 그런 비유들에는 예수를 어떻게 받아들이고, 어떤 태도를 취해야 하는지 곤란해 하는 사람들이 많다.

그리고 이 여행을 계속하면, 우리는 예수님과 함께 요단 강을 건너 여리고로 가게 되고, 착한 사마리아 사람 비유를 만나게 된다. 이 비유의 바로 전 문단은 여리고에서 일어난 일을, 그 다음 문단은 길 위에서 일어난 일을, 그 다음은 예루살렘의 교외인 베다니에서 일어난 일을 다루고 있는 것에 주목하라. 이 착한 사마리아 사람 비유가 실제로 예루살렘으로 올라가는 여행길에서 이야기된 것은 아닐까?

여리고는 부유한 마을이다. 사제들도 많고, 헤롯 왕조가 지은 왕궁도 많다. 여기서 우리는 부유한 통치자와 사제들, 그리고 레위인들을 많이 만나게 된다.

예루살렘 가까이 가게 되면서 우리는 베다니에 도달하게 되고 마리아와 마르다 이야기와 마주친다. 여기서 우리는 다시 예루살렘으로 가는 두 가지 다른 길을 보게 된다. 마르다는 잘 알다시피, 할 일이 많아 매우 분주하다. 많은 손님들 때문에 걱정도 많다. 마르다가 이리 저리 뛰어다닐 때 마리아는 예수님 가까이에 앉아 있다. 오늘날 베다니의 교회를 방문하면 이 두 사람을 생각할 수 있는 기념품을 보게 될 것이다. 마르다를 입체적으로 조각한 메달은 밤에 포도와 등불을 들고 급히 뛰고 있는 모습이다. 반면 마리아는 차분히 똑바로 앉아 한 손으로 자신의 가슴을 가리키고 있다.

왕국은 어떤 곳인가? 우리가 생각하는 왕국은 어떤 곳인가? 명확하고 권력 구조가 뚜렷하게 나타나는 곳인가? 아니면 모호한가? 벌써 우리에게 와 있는데, 우리가 느끼지 못하는 것은 아닌가? 이 이야기의 끝부분을 다시 생각해 보라. 예루살렘에서의 한 주간을 위해 준비하고 있음을 알게 될 것이다. 누가복음의 사분의 일 정도는 이 예루살렘 기사를 다루고 있다. 예루살렘에서의 마지막 주간의 수난설화는 제자들이 예수가 어떤 왕인지 전혀 이해하지도, 준비하지도 못했음을 보여 준다. 따라서 우리는 예루살렘으로 올라가는 두 가지 다른 길, 즉 권위와 권세 있는 왕의 높은 길

과 고난받는 종으로서의 낮은 길에 대해 다시 생각하게 된다. 예수님은 하나님의 나라가 언제나 승리와 강력한 이미지로만 보이는 것은 아니라는 사실을 제자들이 깨닫도록 애쓰셨다. 하나님의 나라는 이해하기 어렵지만, 사랑과 정의를 추구하는 곳에서 찾을 수 있다.(James Fleming)

요약

누가는 예수님이 예루살렘으로 여행하신 것을 열 장에 걸쳐 묘사하고 있다.

예수님은 그 당시의 정치적, 사회적, 종교적 미심스러운 생각들을 직면하기 위해서 예루살렘으로 가셨다.

예수님의 제자들은 자신들에게 왕국의 권세와 영광을 줄 것으로 생각하고 있었다.

예수님은 예루살렘으로 가면서 고난의 종이 가는 길을 가셨다.

이 부분의 비유들 속에서 예수님은 왕국과 하나님의 나라를 다시 정의하신다.

대화

예수님과 제자들이 예루살렘 여행을 이해하는 데 어떤 차이가 있었는가? 제자들에게 하나님의 나라를 가르치면서 예수님이 의도하셨던 것은 무엇인가?

■ 성경과 교재(50분)

누가복음 9장 57~62절을 근거로, 학생 교재는 제자가 되기 위해 치러야 할 다섯 가지 대가를 말한다. 비난받을 각오와 안전에 대한 보장 없이 살아감, 임박한 하나님의 나라는 모든 것에 우선함, 하나님 나라에 헌신하는 것이 가정의 일보다 우선함, 일단 제자가 되기로 했으면 망설이지 말아야 함, 삶은 완전하게 하나님의 권위 아래 놓여 있음. 짝을 지어서 이런 점들이 오늘날에는 무엇을 의미하는지 토론하라. 아래 질문을 하라. 이것이 요구하는 것은 무엇인가? 교재 '말씀 속으로 – 제자직'에 있는 질문에도 답하라. 그리고 나서 각자 아래 질문을 위 다섯 가지 대가들에 적용해 보라. 이 점을 심각하게 생각한다면, 내가 살아가는 방식은 어떻게 변할 것인가? 다시 짝을 지어 이야기하라.

서너 명씩 그룹으로 나누어, 교재 내용 중 '말씀 속으로 – 준비하라'에 소개된 하나님 나라의 세 가지 의미에 대해 토의하라. (1) 현재 우리의 삶 속에 예수님은 우리와 어떻게 직면하고 계신가? 예수님은 우리에게 무엇을 원하시는가? (2) 우리는 개인적으로, 교회 차원에서, 도시 혹은 국가 차원에서 어떻게 심판으로서의 하나님의 통치를 경험하는가? 언제 심판으로서의 하나님 통치와 구원으로서의 하나님 통치를 경험하는가? (3) 역사의 종말로서의 하나님 나라 혹은 하나님의 통치를 어떻게 이해하는가? 예수님의 재림 속에 표현된 하나님의 나라를 어떻게 이해하는가? 학생 교재에 있는 질문에 답하라.

■ 휴식(10분)

■ 말씀과의 만남(25분)

누가복음 10:1~16

본문을 크게 읽으라. '누가? 무엇을? 어디서? 언제? 왜? 어떻게?'에 대해 각자 질문해 보라. 각자 대답한 것을 가지고 짝을 지어 다시 질문해 보라. 각주가 도움을 줄 것이다. 짝과 함께 해결하지 못한 질문들을 전체가 모여 다시 논의하라.

■ 세상 속으로(20분)

제자가 되기 위해 치러야 할 것을 생각하라. 한 사람이 교재의 '세상 속으로' 부분을 읽으라. 그러고 나서 모두 함께 '우리의 모습'을 크게 읽으라. '영성 훈련'을 읽고, 다음을 질문하라. 여기에 묘사된 우리의 모습과 제자가 되기 위해 감수해야 할 것, 그리고 복종의 훈련은 어떤 관계가 있는가?

이번 주간의 사역을 형성할 하나님의 말씀에서 얻은 메시지와 그에 따른 응답들을 서로 나누라.

■ 마침 기도(10분)

- 금주의 기도 제목들을 적으라.
- 영성 훈련을 위한 질문들을 주라.
  내가 돈의 소유주가 아니라 하나님의 돈을 맡은 청지기라면 어떻게 다르게 쓰겠는가?
  다른 사람들을 위하여 돈을 사용하기 위한 최선의 방법으로 무엇을 선택하겠는가?
- 마침 기도를 하라.

23 | 제자의 길

■ **시작 기도**(5분)

■ **이끄는 이야기**(20~25분)

준비

하나님 나라에 대한 예수님의 가르침을 이해하기 위해서는, 미래의 관점에서 현재를 보는 법을 배워야 한다는 점에 유의하라.

우리가 예수님의 가르침을 듣고 깨달을 줄 안다면, 예수를 이해하고 좋은 제자가 되는 데 도움이 된다. 예수님은 항상 왕국 혹은 하나님의 통치에 관해 말씀하셨다. 그가 이해하는 시간에 근거하여 하나님의 통치에 관해 가르치셨다. 하나님의 나라는 현재로 침투해 들어오는 우주의 미래적 운명이다. 우리는 일반적으로 시간이 과거에서 미래로 흘러간다고 생각한다. 인류의 역사나 우리 자신의 삶도 이런 방법으로 표현된다.

그러나 예수님은 장차 도래할 하나님 나라에 비추어 현재를 이해하고 가르치셨다. 우리가 현재로부터 과거를 생각한다면 그것이 바로 예수님이 시간을 이해한 방법이 된다. 나에게는 어린 시절의 몇 가지 기억이 있다. 그 기억들을 되새겨 보면, 그 당시와 현재의 관점이 매우 다른 것을 알 수 있다. 그때 당시 나에게는 무척 좋아하던 강아지 티피가 있었다. 티피가 죽었을 때 나는 세상이 끝났다고 생각했다. 그러나 지금은 강아지 사진을 보면서 어렸을 때 그렇게 좋은 강아지를 가지고 있었다는 게 기쁠 뿐이다. 어렸을 때 그렇게 소중했던 것들이 이제는 그렇게 중요하지 않다. 그리고 그 당시엔 귀찮다고 생각했던 일들, 즉 가족과 친구들에게 관심을 갖고 배려를 해야 한다든지, 세례를 받아야 한다든지 하는 일들이 매우 중요한 일이었음을 알게 되었다.

예수님은 끊임없이 장차 도래할 하나님 나라의 관점에서 현재를 되돌아보신다. 돈이 그렇게 다르게 보인 것도 바로 이런 이유 때문이다. 우리는 부자와 나사로 비유에서 예수님의 관점을 읽을 수 있다. 부자는 과거로부터 미래에 이르기까지 안정이 보장되는 것처럼 생을 살았다. 돈을 많이 벌면 미래에 행복과 안정이 보장되는 줄 알았다. 그러나 그 부자의 생각은 비극으로 끝났다. 부자는 음부에서 과거의 삶을 되돌아보면서 자신의 형제들이 미래의 관점에서 현재를 볼 수 있기를 원했다. 그는 가난한 사람들에게 돈을 나누어 주라고 형제들에게 말하고 싶었다.

시간이 과거에서 미래로 흘러가는 것처럼 돈을 이해한다면 우리는 언제나 넉넉할 수가 없다. 왜냐하면 미래는 불확실하기 때문이다. 그러나 미래의 관점에서 되돌아보고 미래가 무엇을 가져다줄지 안다면, 우리는 돈을 다른 방법으로 사용하게 될 것이다.

예수님의 가르침은 분명하다. 돈의 용도는 가난한 사람들을 위해 사용하는 것과 관련하여 그 가치가 평가될 것이다. 그러므로 청지기들은 주인에게 빚진 사람들, 즉 가난한 사람들을 친구로 삼아야 하는데 그것은 곧 자신을 위한 일이기도 하다. 그래서 좀 과장된 권면이기는 하지만, 예수님은 "부정한 돈으로라도 너희 자신을 위하여 친구를 만들어 나중에 그 돈이 무용지물이 되었을 때 그들, 즉 가난한 사람들이 너희를 왕국으로 받아들일 수 있도록 하라."고 말씀한다.

예수님은 제자들을 사랑하셨는데, 보통 랍비들과는 다른 교사였다. 그는 잊혀지지 않는 수수께끼로 제자들의 마음속에 언제나 기억되는 것을 말하려 하셨다. 예수님의 말씀을 들을 때에 너무 어렵게 생각하지 말고, 그가 노여워하고 있다고 생각하지 말라. 예수님은 우리를 사랑하고 우리에게 가장 좋은 것을 바라고 있다. 예수님은 언제나 미래의 하나님 나라에 비추어 현재의 삶을 바라보도록 제자들을 채근하신다.

이것이 바로 종말론이 뜻하는 것이다. 희랍어로 에스카토스(eschatos)는 마지막을 뜻한다. 따라서 종말론이란 마지막 때에 관한 가르침이다. 종말론적으로 생각한다는 것은, 생의 마지막 혹은 이 세상의 마지막 때의 관점으로 현재를 되돌아보는 것을 뜻한다. 누가복음 14장에서 19장 27절까지 다시 읽고, 인생의 끝이란 관점에서 예수님의 말씀을 다시 생각해 보기를 권한다. 자신의 마지막 순간을 상상해 보라. 종말의 관점에서 현재를 되돌아본다면 그것은 어떤 것이 될까? 예를 들어, 한평생을 어떻게 살았는지 하나님과 대화하고 있는 자신의 모습을 그려 보라. 돈을 어떻게 썼는지에 대해 무슨 말을 할 수 있을까? 가진 자와 못 가진 자들, 그들과 나는 어떤 관계를 맺으며 살아왔는가?

누가복음에 의하면, 예수님은 처음부터 돈에 대해 일관된 생각을 가지고 계셨다. 돈의 사용은 가난하고 뿌리 뽑힌 자들을 위해서 어떻게 사용되었는지에 따라 평가된다고 가르치셨다. 잃어버린 것을 찾았을 때, 그것이 잃어버린 양 한 마리든 동전 한 닢이든 혹은 아들이든, 하늘도 기뻐하고 모든 사람도 기뻐한다. 부자들은 반드시 가난한 사람들을 돌보고 잃어버린 자들을 되찾기 위해 남는 것들을 내주어야 한다. 이것이 기본 원리다.

돈에 대한 예수님의 가르침은 주라는 것이다. 미래의 안전을 보장받기 위해 돈을 긁어모으는 사람들은 어리석다. 하나님의 나라가 현재에 임한 것처럼, 미래가 현재를 규정하는 것처럼 살아가는 사람들은 예수님의 칭찬을 받았다. 그리고 결국에는 그런 사람들이 옳았다는 것이 증명되었다. 한 달란트 받은 좋은 주인이 두려워서 안전을 위해 그것을 땅에 묻어 두었다. 미래의 관점에서 보면, 그는 잘못한 것이다. 하나님을 신뢰하고 하나님 나라를 위해 모든 위험을 감수해야 했다.

미래로부터 현재를 바라보면, 우리가 천국에 이르기까지 예수님을 잘 따르지 못하도록 가로막는 그 어떤 것도 문제가 된다. 내가 어떤 상을 받게 될지를 염려하는 것보다 잃어버린 자를 찾아나서는 것이 중요하다. 이것이 바로 예수께서 제자들에게 가르치셨던 것이다. 그러므로 예수님을 따르기 위해 배우는 것은, 미래의 하나님의 관점에서 돈과 소유에 관해 어떻게 생각해야 하는지를 배우는 것과 다르지 않다. 이것은 자신의 인생이 끝나는 시점에서 현재를 되돌아보며 삶에 대해 다시금 생각하는 것이다.(Thomas Boomershine)

요약

예수님은 그가 이해한 시간에 근거하여 하나님의 통치를 가르치셨다.

예수님은 미래의 하나님 나라 관점에서 현재를 일관성 있게 보셨다.

미래로부터 현재를 보고 미래가 무엇을 가져다줄 것인지를 안다면, 우리는 돈을 다르게 사용할 것이다.

예수님은 돈의 사용은 가난하고 잃어버린 자들을 위해 사용했는지에 따라 평가될 것이라고 가르치셨다.

대화

인생의 마지막 순간의 관점에서 현재를 생각하는 것을 배운다면, 우리 삶의 어떤 것이 바뀔까?

■ 성경과 교재(50분)

네 명씩 그룹으로 나누어 돈과 소유에 관한 누가의 가르침의 관점에서 제자가 되기 위해 희생해야 할 것들에 대해 토의하라. 각 그룹에 누가복음 14:25~33; 16:1~15; 16:19~31; 18:18~30 중에 하나씩 할당해 주라. 본문을 읽고 다음 질문들에 대해 토의하게 하라. 본문은 무엇을 말하고 있는가? 그것의 의미는 무엇인가? 우리에게 요구하는 것은 무엇인가? 제시된 본문과 함께 검소한 생활에 대한 '영성 훈련'을 함께 생각하게 하라. 다음 질문들을 사용하라. 돈이 우리의 안전을 보장한다는 생각은 어떤 태도에 근거하는가? 그러한 태도는 어떤 행동을 초래하는가? 돈은 하나님이 우리에게 맡기신 것이라는 생각은 어떤 태도에 근거하는가? 그러한 태도는 어떤 행동을 초래하는가?

잃어버린 양, 동전, 아들 비유에 주목하라. 누가복음 15장을 조용히 읽되, 반복되는 중심 단어와 문구에 밑줄을 치라. 세 비유의 주제들 혹은 공통된 강조점들, 그리고 각각의 강조점들에 주목하

라. 다음 질문을 중심으로 토의하라. 바리새인들이 죄인들과 식사하는 것을 문제삼았을 때, 왜 예수님이 잃어버림, 회개, 그리고 기쁨에 관한 세 비유를 말씀하셨다고 생각하는가?

■ 휴식(10분)

■ 말씀과의 만남(25분)
마태복음 25:31~46

서너 명씩 그룹으로 나누어 본문을 먼저 각자 조용히 읽고 난 후에 다 함께 크게 읽으라. 함께 본문을 요약하라. 각자 다음 질문에 대답해 보라. 내가 들은 가장 중요한 메시지는 무엇인가? 그것에 대해 어떻게 생각하고, 어떻게 느끼는가? 다음을 함께 토의하라. 교회는 본문을 어떻게 이해하고, 설명하고, 응답하는가? 혼자 생각해 보라. 내 삶은 본문에 대한 교회의 가르침과 어떻게 상호작용하는가? 본문은 어떤 비전을 주는가? 그에 대해 나는 어떻게 반응할까? 자신의 반응과 생각들을 서로 이야기하라.

■ 세상 속으로(20분)

'세상 속으로'에 어린이들을 위한 사역에 대해 서술한 부분이 있다. 우리 제자 훈련 모임이 교회나 지역사회에서 어린이들을 위한 사역을 시작하거나 운영할 수 있는지 함께 생각해 보라.

이번 주간의 사역을 구체화할 하나님의 말씀에서 얻은 메시지와 그에 따른 응답들을 서로 나누라.

■ 마침 기도(10분)

• 금주의 기도 제목들을 적으라.
• 영성 훈련을 위한 질문들을 주라.
  하나님의 계속적인 임재를 느끼기 위해서는 어떤 태도나 행위가 있어야 하는가?
  어떻게 하면 쉬지 않고 기도하는 법을 배워서 쉬지 않고 하나님께 들을 수 있을까?
• 마침 기도를 하라.

24 | 증인으로 보내심을 받음

■ **시작 기도(5분)**

■ **이끄는 이야기(20~25분)**

준비
성서적 계시의 관점으로 부활의 증거들을 살펴보라.

우리는 예수님의 부활에 대한 누가의 기록을 읽을 때 제자의 관점에서 이해하고자 한다. 우선 그 구절들이 무슨 뜻인지 그 자체로서 이해하고, 그 다음 단계로 성경의 전체적 계시의 틀 안에서 이해할 필요가 있다. 이 과정들은 예수님의 부활을 이해하는 데 특히 중요하다. 왜냐하면 부활은 예수 그리스도를 통해 인류를 구원하기 위한 거룩한 구원 계획의 마지막 사건이기 때문이다.

어떤 학자들은 예수님의 부활을 다소 독립된 사건으로 다룬다. 종종 그들은 신약성경을 해석하면서 초자연적인 일은 일어나지 않는다는 가정을 도출해 낸다. 그리하여 예수님이 죽음에서 일어난 것이 아니라 정말 일어난 일은 사도들과 다른 사람들의 믿음이 부활했다는 결론을 내린다.

그러나 이것은 누가의 견해가 아니다. 다른 세 복음서도 그렇게 말하지 않는다. 그들은 그렇게 바보 같지 않았다. 사도들은 예수님의 부활과 부활한 주님에 대한 자신들의 믿음 사이에 절대적인 차이가 있음을 분명히 알았다. 누가에 따르면, 실제적인 예수님의 부활은 사도들과 다른 사람들의 믿음이 부활하는 것을 가능하게 하였다. 부활이 없었다면 그들은 거대한 착각이나 망상의 노예였을 것이다.

베드로와 그 주변 사람들은 그렇게 단순하거나 바보 같지 않았다. 그것은 빈 무덤에 대해 처음 듣고 그들이 어떻게 반응했는지에 잘 나타난다. 누가는 "이 여자들은 막달라 마리아와 요안나와 야고보의 모친 마리아"라고 한다. 이어 "또 그들과 함께한 다른 여자들도 이것을 사도들에게 알리니라. 사도들은 그들의 말이 허탄한 듯이 들려 믿지 아니하나……."라고 기록한다. 분명히 믿기를 원했지만, 그들은 구체적인 증거 없이 믿을 수가 없었다.

그렇다면 어떻게 사도들과 다른 사람들이 예수님이 정말 죽음에서 부활하셨다고 믿게 되었을까? 첫째, 그들은 빈 무덤을 보았다. 둘째, 부활하신 주님이 그들 앞에, 또 다른 사람들 앞에 여러 번 나타나셨다. 누가는 엠마오로 가는 두 제자와 함께 걸으셨던 주님에 대해 자세히 기록하고 있다. 바울은 부활의 주님이 나타나셨던 일들의 목록을 고린도전서 15장 5~8절에 기록해 놓았다. 이렇게 확신에 찬 증거들뿐만 아니라 매우 중요한 다른 두 가지 요인이 있다. 첫째로, 성령강림절에 성령이 사도들과 다른 사람들의

마음을 밝혀 나사렛 예수가 온 세상의 구세주라는 것을 깨달아 알게 하였다. 그들은 이 땅에서 특정한 시간에 살았던 역사적 인물을 통해 하나님께서 거룩한 구원 계획을 완성하신 것을 보았다. 그러나 베드로는 이미 예수님의 십자가 처형 이전에 "주는 그리스도시요, 살아 계신 하나님의 아들(마 16:16)"이라고 고백했다. 당시에 베드로는 자신이 무슨 말을 하는지 이해하지 못했다. 그가 이해하지 못했다는 것을 어떻게 알 수 있는가? 예수님이 체포되어 대제사장 앞에 섰을 때 베드로가 예수를 모른다고 부인한 것을 보면 알 수 있다. 그러나 성령강림절 이후 베드로는 달라졌다. 그 놀라운 사건 직후에 베드로는 성전에 모인 수많은 사람들에게 설교했다. 무엇보다도 그는 이렇게 말했다. "이스라엘 온 집은 확실히 알지니 너희가 십자가에 못 박은 이 예수를 하나님이 주와 그리스도가 되게 하셨느니라."(행 2:36)

두 번째로 중요한 요인은, 성령이 사도들과 다른 사람들의 마음을 밝혀 예수님의 삶과 죽음과 부활을 우리를 위한 하나님의 은총으로 보게 하였다는 것이다. 즉 성경에 따르면, 예수님은 온 세상을 구원하기 위한 하나님의 계획을 수행하셨다. 따라서 예수님의 부활은 하나님의 전능함을 나타내는 하나의 독립된 사건으로 간주될 수 있을 뿐만 아니라, 율법과 예언과 시편(눅 24:44)에 약속된 모든 것을 지키시며 현세와 내세의 모든 구원을 완성하신 하나님의 역사다.

요점은 성경에 따르면 예수님이 제자들에게, 그는 반드시 예루살렘으로 가야 하고 고난을 당하고 죽어야 하며, 죽음 가운데서 부활하여 온 세상을 위한 구세주로서의 사명을 완성해야 한다는 것을 설명해 주셨다는 것이다. 그러나 제자들은 이것을 하나도 깨닫지 못하였다(눅 18:31~34). 누가는 빈 무덤에 있는 여자들에게 나타난 천사들이 그들에게 예수가 갈릴리에서 그의 죽음과 부활에 대해 무엇을 말했는지 생각해 보라고 했다고 전한다. 그러자 그들은 예수의 말을 기억해 냈다(눅 24:6~8). 영생에 관한 예수님의 분명한 가르침은, 우리의 구원이 하나님의 아들이요 온 세상의 구세주인 자신과 직접적으로 연관되어 있다는 것이다.

성경은 우리의 영혼과 몸은 특정한 시간 안에 존재한다고 가르친다. 인간은 유한하고 죄 많고, 우리의 존재는 하나님께 의존적이다. 인간의 본성 속에는 영원한 생명을 보장해 줄 수 있는 것이 전혀 없다. 오직 하나님만 하실 수 있다. 하나님은 무한하신 사랑과 지혜로 그리스도의 죽음과 부활을 통해 우리 죄를 용서하시고 영원한 생명을 약속하셨다. 그러므로 우리는 예수 그리스도를 통해서 죽음을 이기는 삶의 원리의 은혜를 힘입게 되었다.

누가는 사도행전에서 사도들과 다른 사람들이 그리스도 안에서 이 놀라운 구원의 역사를 증거하게 되었다고 계속해서 말한다.

부활하신 주님과의 약속을 지키면서 그들은 성령에 힘입어 "예루살렘과 온 유대와 사마리아와 땅 끝까지(행 1:8)" 하나님의 구원의 은혜를 전했다.(Mack Stokes)

요약

누가에 따르면, 실제적인 부활 사건이 일어남으로써 사도들과 신자들의 부활 신앙의 근거가 되었다.

사도들과 신자들은 어떻게 예수님이 죽은 자들 가운데서 정말 살아나셨다고 믿게 되었는가?

그들은 빈 무덤을 보았다.

부활의 주가 그들 앞에 나타나셨다.

예수 그리스도는 율법, 예언자들, 시편들을 통해 하나님께서 이미 약속하셨던 것들을 지키셨으며, 이제는 우리의 구원을 이루기 위해 필요한 모든 것을 완전하게 이루신다.

대화

부활에 관한 누가의 증언은 무엇인가? 예수님이 죽은 자 가운데서 다시 살아나셨다는 사도들과 신자들의 믿음은 무엇에 근거하는가?

■ 성경과 교재(50분)

예수님의 마지막 한 주간에 일어난 사건들을 증인의 관점에서 다시 잘 생각해 보라. 두 사람씩 짝지어 그 주간의 하루 혹은 이틀에 해당하는 성경 본문을 할당해 주라. 성경 본문을 읽은 뒤 자신들을 그 사건 속의 증인으로 가정하고 무엇을 증언할 것인지 말해 보게 하라. 다음 질문을 하라. 무슨 일이 일어나고 있는가?

우리가 관찰하고 있는 사건의 밑바닥에서는 무슨 일이 일어나고 있는가? 우리가 보고 있는 것을 근거로 해서 예수가 누구인지에 관해 무엇을 증거하고자 하는가? 예수님에 관해서 다른 사람들에게 무엇을 알리고 싶은가? 마지막 주간과 관계되는 본문들은 다음과 같다. 일요일과 월요일-19:28~48; 화요일-20~21; 수요일-22:1~6; 목요일-22:7~71; 금요일-23; 일요일-24:1~12. 첫째 날부터 다섯째 날까지 성경을 읽으며 적어 놓은 것들이 도움이 될 것이다. 활동이 끝나면, 전체가 함께 모여 경험을 나누라.

누가복음 24장에 나타나는 부활에 관한 설명을 다음 질문을 염두에 두고 읽으라. 이 설명으로부터 부활에 대한 어떤 기본적인 믿음이 생기는가? 십자가 처형과 부활에 대한 초대교회의 증거는 우리가 성경을 읽는 데 어떤 영향을 미치는지 서로 이야기해 보라. 여섯째 날 적은 메모를 검토하고, 교재에 있는 질문에 답하라.

■ 휴식(10분)

■ 말씀과의 만남(25분)

누가복음 21:5~38

한 사람이 본문을 크게 읽을 때 다른 사람들도 속으로 함께 따라 읽으라. 서너 명씩 그룹으로 나누어 본문을 연구하라. 본문의 상황(context)이 어떤지 분명히 하라. 본문의 문학 장르가 묵시문학인 것을 알려 주라. 묵시문학의 특징이 무엇인지 각자가 알고 있는 것과 그룹이 알고 있는 것을 되새기라. 누가가 이것을 기록했을 때는 예루살렘이 멸망한 지 10년 내지 20년이 지난 후라는 것을 명심하라. 본문으로부터 어떤 의미가 추론될 수 있는지 함께 생각해 보라.

■ 세상 속으로(20분)

'우리의 모습'을 읽으라. 다음 질문을 하라. 나의 경험에서 이것은 사실인가? 교재 '세상 속으로' 부분에 있는 질문들에 대한 응답을 듣고 그것을 중심으로 토의하라. 복음 전파자를 초청할 수 있으면 그들의 경험을 듣고, 자신의 경험도 이야기하게 하라.

이번 주간의 사역을 구체화할 하나님의 말씀에서 얻은 메시지와 그에 따른 응답들을 서로 나누라.

■ 마침 기도(10분)

- 금주의 기도 제목들을 적으라.
- 영성 훈련을 위한 질문들을 주라.
  언제 성령의 인도하심을 느끼는가?
  성령께서 다른 사람들이나 그룹들을 통해 역사하실 때가 있다는 것을 기억하는가?
- 마침 기도를 하라.

25 | 성령의 역사

■ 시작 기도(5분)

■ 이끄는 이야기(20~25분)

준비

'무슨 일이 일어났는가?' 라는 질문을 염두에 두면서, 다방면에 유의하라.

"주님, 이제 이스라엘의 왕국을 회복시켜 주시겠습니까?" 이것은 사도들이 활동하던 시대의 모든 사람 마음속에 있었던 질문이다. "언제 약속대로 하나님의 백성을 다시 모아 주시겠습니까?"

예수의 대답은 두 가지다. "아무도 그때를 알 수 없다." "내가 나의 영을 너희에게 부어 줄 때까지 예루살렘에서 기다리라." 그리고 예수님은 승천하셨다. 그의 약속은 참으로 놀라운 것이었다. '내게 능력 주었던 영을 너희에게 보내 주겠다.' 예수께서 세례 받을 때에 그에게 임했던 성령이 이제 그의 제자들에게 주어질 것이다.

그래서 그들은 오순절에 모두 모였다. 유대인들이 사방으로부터 모였다. 성령이 강림하셨다. 이상한 말을 했다. 들리기도 이상하게 들렸다. "이것 봐, 우리가 모국어로 말하고 서로 듣고 있다." 서로 이해할 수 없는 언어들 때문에 나눠진 인류의 가장 큰 분열이 오순절의 성령에 의해 치유되었다. 모든 사람이 방언으로 말했다.

거리를 지나던 사람들이 방에서 일어나는 소동 소리를 듣고 "저들이 예수가 있을 때와 똑같은 일을 하고 있다. 저들은 술 취했다."라고 말했다.(이것은 예수에 대한 초기 비판들 중 하나였다. — 그는 죄인들과 함께 먹고 마신다, 그는 음식을 탐하고 술주정꾼이다.)

베드로가 나와서 말했다. "우리는 취하지 않았다. 아직 이른 아침이다." 그리고 그는 설교를 하였다. 군사들이 예수님을 체포하러 왔을 때 세 번이나 예수님을 모른다고 부인했던 그가 설교를 하고 있는 것이다. 베드로는 다락방에 있던 다른 사람들과 함께 "주님, 우리는 어떤 일이 있어도 당신 뒤를 따르겠습니다!"라고 말했다.

예수님이 체포되었을 당시 베드로를 포함한 모든 이들은 어둠 속으로 달아났다. 그 후 새벽녘에 대제사장 집 뜰에서 불가에 앉아 있던 베드로를 향하여 한 여종이 "이 사람도 그와 함께 있었다."고 했다. 예수님이 말씀하셨던 것처럼 베드로는 세 번 부인했다. 너무 두려웠던 그는 예수님을 부인하기만 한 것이 아니라 저주까지 했다.

그런데 지금 성령강림절에 누가 말하고 있는가? 바로 베드로가 아닌가! 한 여종 앞에서도 똑바로 말하지 못했던 그가 이제는 설교를 하고 삼천 명을 회개시켰다.

'어떻게 된 일인가?' 대제사장 집 뜰에서 아무 말 못했던 베드로와 지금 담대하게 복음을 전하고 있는 베드로 사이에 무슨 일이 일어난 것인가? 어찌된 일인가?

바로 이것이 거리에 모였던 사람들의 물음이다. '도대체 여기서 무슨 일이 일어나고 있는가?

베드로가 그들에게 예수님에 대해 전했다. 바로 이것이 요엘 선지자가 예언한 것이다. 구약 시대에는 성령이 몇몇의 카리스마적인 사람들에게 임했다. 그러나 하나님께서 모든 사람 — 노인, 딸, 종, 지위가 높은 자나 낮은 자나 — 에게 하나님의 영을 부어 주실 날이 올 것이다. 이 새 시대에는 모든 사람이 예언자가 될 것이다.

보라, 성령의 약속된 은사는 담대히 설교하고, 교회의 모든 사람들을 예언자가 되게 하는 은사이며, 모든 사람이 하나님의 대변자가 되고 진실을 말하게 되는 은사다.

사도행전을 공부하면, 성령이 놀랍게 움직인 역사와 보통 사람들에게 능력을 주어 놀라운 일들을 행하게 하신 방법을 알게 될 것이다. 사도행전에서는 성령의 역사가 매우 중요하기 때문에, 어떤 사람들은 사도행전을 '성령행전(The Acts of the Holy Spirit)'이라 부르기도 한다. 사도행전은 사도들만의 이야기가 아니다. 사도들에게 능력을 주어 복음을 담대히 전하게 했던 놀라운 힘의 이야기인 것이다.

때로 우리는 교회를 옛날에 일어난 일들과 만나는 자리로, 우리가 이미 알고 있는 일을 다시 확인하는 자리로, 모든 것을 조용히 재확증해 주는 자리로 이해한다. 또 예배 순서에 따라 고정된 좌석에 앉아 있는 장소로 이해한다.

그러나 사도행전에 따르면 교회는 이보다 훨씬 더 흥미로운 곳이다. 교회는 성령이 임하고, 느슨해진 것들이 분열되기도 하며, 조용한 사람들이 담대히 전하게 되는 수단을 얻기도 하고, 고착되고 한계지어진 사람들이 자유롭게 되는 장소이기도 하다. 그들은 이상하게 말하고 이상하게 행동한다. 모든 것이 정체되고 고착되어 있을 때, 이 분열적인 오순절의 성령이 개입하여 모든 것을 뒤집어 놓는다.

교회는 약속된 성령이 강림하는 사건이라고도 할 수 있는데, 이것은 신나는 일이다.

교회에서 어떤 사람이 간증을 하게 될 때면 언제나, 놀랍고 다소 분열적이거나 다소 혼동스러운 — 평범한 일들과는 거리가 먼 — 일들이 일어날 때면 언제나, 그것은 보통 사람들에게 능력을 주어 복음을 전하게 하는 성령의 역사가 오늘날에도 일어나고 있다는 증거다.

노인들이나 젊은이들이나 지위가 높거나 낮거나(당신과 나와 같은) 보통 사람들이 예수께서 이 세상에 계셨을 때와 똑같은 방법으로 능력을 받아 말씀을 전하고, 치유하고, 화해시키고 소명을 이룬다.

"주님, 이제 이스라엘의 왕국을 회복시켜 주시겠습니까?"

주의 깊게 살펴보라. 사도행전에서 일어난 일과 우리의 교회에서 일어나는 일에 주목하라. 주님은 하나님의 약속된 왕국을 건설하기 시작하셨다. 지금 어느 교회에 출석하고 있든, 우리는 오순절 성령강림 사건을 시작으로 계속되고 있는 가족의 한 성원이다. 부활의 주님은 왕국을 재건하고 계신다!(William Willimon)

요약

유대인들은 성령께서 강림하신 오순절날 방방곡곡에서 모여들었다.

인류의 큰 분열은 오순절에 성령으로 치유되었다.

사도행전은 보통 사람들로 하여금 특별하게 말하고 행동할 수 있도록 성령으로 무장시킨 역사다.

교회는 약속된 성령께서 강림하신 장소요 사건이다.

대화

오순절에 무슨 일이 일어났는가? 성령에 대하여 새롭게 생각하고 말하게 된 것은 무엇인가?

■ 성경과 교재(50분)

사도행전의 역사적인 배경에 익숙해질 수 있게 공부하라. 짝을 지어 저자, 독자, 주요 메시지, 구조, 누가복음과의 관계를 복습하라. 사도행전의 개요가 성경책에 있으면 읽고, 개인적으로 공부할 때 기록한 것들을 사용하라.

성령의 역사를 파악하기 위하여, 각자가 적은 내용을 세 가지 관점에서 살펴보라.

성령의 역사가 활발했던 사건들, 예수님의 사역과 사도들의 사역이 병행하였던 것들, 성경 말씀에 따라 생긴 개인의 사역들. 서너 명씩 짝을 지어 발견한 것들을 나누라.

오순절에 베드로가 한 설교의 중요성을 소홀히 할 수 없다. 두 가지 방면으로 생각해 보라.

설교 분위기와 어조를 파악하라. 우선 조용하게 그 설교를 읽으라. 그리고 나서 한 사람이 큰 소리로 읽을 때 다른 사람들은 가만히 들으라.

파악한 분위기와 어조를 서로 나누라. 그리고 나서 베드로 설교의 중심 메시지를 검토해 보라. 다음 질문을 중심으로 토론하라.

오늘날 이 중심 메시지가 어떻게 전해지고 있는가? 우리 교회에서는 회개와 죄의 용서가 어떻게 전파되고 있는가?

초대 기독교인들은 담대했다고 묘사할 수 있고 후대 기독교인들도 그러했다. 사도행전 4장 19~20절을 읽고, 오늘날을 포함해서 기독교 역사를 통해 베드로와 요한과 같이 담대했던 사람들을 찾아보라. 복음을 증거하고자 할 때 기도와 담대함 간에 어떤 관계가 있는지 서로 나누라.

■ 휴식(10분)

■ 말씀과의 만남(25분)

사도행전 4:1~22

본문을 개인별로 조용히 읽고, 새로 깨달은 점이나 질문들을 적으라. 깨달은 내용을 서로 나누라. 두세 명씩 짝을 지어 다음과 같은 질문으로 성경 구절을 공부하라. 일어난 사건은 무엇인가? 이 이야기에서 누가가 전하고 싶은 것은 무엇인가? 중심 사상은 무엇이라 생각하는가? 초대교회 유대인들에게 준 메시지의 의미와 비교해서 오늘날의 교회에 이 메시지가 주는 의미는 무엇인가? 개인적으로 다음의 질문에 답하라. 나에게 주는 이 메시지의 의미는 무엇인가?

■ 세상 속으로(20분)

'세상 속으로'에 적혀 있는 질문에 우선 답하고, 전도할 때 쉬운 점과 꺼려지는 점을 서로 나누라. '우리의 모습'을 큰 소리로 읽고 하나님을 위하여 어떻게 사역할 것인지 서로 이야기하라.

■ 마침 기도(10분)

• 금주의 기도 제목을 적으라.

• 영성 훈련을 위한 질문들을 주라.
  남을 섬기려 할 때 위험을 각오해야 할 점은 무엇인가?
  언제, 어디서, 누가 부르든지 섬기는 종의 모습으로 응답하기 위해 필요한 태도는 무엇인가?

• 마침 기도를 하라.

26 기독교 공동체의 시작

■ **시작 기도(5분)**

■ **이끄는 이야기(20~25분)**

준비

누가는 바울의 회심에 대하여 세 번 언급했다. 바울은 단 한 번만 언급했다. 회심 이야기를 하는 이유를 들어보고, 세 회심 이야기의 차이점에 유의하라.

만일 바울이 역사상 가장 유명한 회심자라면, 우리는 바울 자신보다는 이를 전해 준 누가에게 더 감사해야 할 것이다. 바울은 그의 편지들 속에서 자신의 회심에 집착하고 있지 않으며, 또 그것을 언급한다 할지라도 그럴듯하게 말하고 있지 않다. 반면 누가는 사도행전에서 바울의 회심에 대해 세 번씩이나 언급하고 있어 대부분의 기독교인들이 그의 회심에 대해 잘 알게 되었다.

사도행전 9장에 있는 바울의 회심에 대한 기록은, 누가가 묘사한 대로 초대교회 상황과 잘 맞물려 있다. 이 부분에 대한 누가의 기록은 적어도 세 가지 점을 강조하고 있다. 첫째, 누가는 바울을 들어서 유대인들이 예수님의 처음 제자들에게 했던 질문들에 대한 몇 가지 응답들을 생생하게 극화시킨다. 오순절에 약 삼천 명의 유대인들이 회개하고 말씀을 받아들였으며 세례를 받고 교회로 나갔다. 다른 유대인들, 특히 종교적으로 기득권을 누리고 있던 유대인들은 스데반과 같은 유대 기독교인들을 체포하여 재판하고 처형했다. 누가는 특히 바울을 최고의 박해자요, 동시에 교회의 초석으로 기록한다.

이것은 누가가 강조하려는 두 번째 포인트의 출발점이 된다. 사도행전 9장의 바울의 회심은 가장 큰 적의 완전한 뒤바꿈을 뜻한다. 열정적인 박해자가 항복하듯 회심을 하더니, 담대히 설교를 하고 마침내는 자신이 박해받는 대상이 되었다. 이것은 사도행전에서 계속적으로 발견되는 저항과 승리의 유형에 완벽하게 들어맞는다. 커다란 역경이 교회를 엄습했지만, 이것이 기독교 운동을 사멸시키는 것이 아니라 오히려 '예루살렘과 사마리아와 온 유대와 땅 끝'에서 놀라운 성장을 가속시켜 새로운 단계로 나아가게 했다.

이렇게 복음이 멈춤 없이 전파된 것은 우연한 일도, 교회가 계획했던 일도 아니고 오직 하나님이 역사하셨기 때문이라는 것이 누가의 판단이다. 누가복음에서 엘리사벳과 마리아와 예수님에게 성령이 임했던 것처럼, 사도행전에서는 제자들과 헬라파 유대 기독교인들과 사마리아 사람들에게 임했다. 바울도 주의 영에 의하여 이방인들과 왕들과 이스라엘 백성에게 하나님의 이름을 전하는 도구가 되라는 소명을 받았다. 아나니아를 비롯한 다른 사람들은 이전에 그들의 적이었던 바울을 제자로 받아들이기를 매우 두려워했다. 누가는 바울이 제자로 받아들여진 것이 하나님에 의한 것임을 강조하며, 환상을 본 것이 교회로 하여금 그를 제자로 받아들이는 것을 재가하는 데 조금도 주저하지 않게 했다고 전한다. 누가는 바울의 회심을 매우 단정적인 것으로 이해하며, 이를 사도행전 22~26장에서 다시 언급하고 있다. 이에 반하여 우리는 갈라디아서에서 바울 자신이 그의 소명에 대해 기록한 것을 읽을 수 있다.

이 편지에서 바울은 갈라디아 교회를 뒤흔들어 놓은 몇 사람이 그를 두 번 고소한 사실을 적고 있다. 첫째, 이 말썽을 일으키는 사람들은 바울의 사도 됨에 문제를 제기하고 있다. 그들은 연합하여 바울은 첫 열두 사도가 아니며 그의 권위가 예루살렘 교회에 의존될 수밖에 없는, 나중에 합류한 제자일 뿐이라고 몰아붙였다. 둘째, 그들은 바울도 바울이지만 그의 설교는 부족하고 2등급 수준이라고 주장했다. 하나님과 올바른 관계를 맺고 교회에 입교하는 것은, 바울이 설교하는 것처럼 믿음으로만 되는 것이 아니라 율법에 복종해야 한다. 갈라디아 사람들에게서 '복음의 진리'를 보존하기 위해 바울은 그의 사도 됨을 강하게 변호한다. 사도행전과 갈라디아서의 논쟁점이 다르기 때문에, 바울은 그의 부르심에 대한 기록을 누가의 기록과 다소 다른 방법으로 남겨 놓고 있다.

예를 들면, 누가와 다르게 바울은 그의 부르심이 아나니아와 바나바를 비롯한 예루살렘 교회의 그 누구로부터도 인준되지 않았다고 한다. "내가 전하는 복음은 어떤 인간으로부터 온 것이 아니라 예수 그리스도의 계시를 통해서 나온 것"이고, "수년간 나는 이름으로만 알려졌고 유대 교회에서 모습은 알려지지 않았다."고 바울은 주장한다. 심지어 그는 "하나님 앞에서 나는 거짓말하지 않는다."라고 맹세하고 있다.

또한 바울이 사도로 불렸다는 그 자신의 기록은, 누가의 기록보다 훨씬 모호하다. 다메섹 도상, 놀라운 광채, 눈이 멀고 다시 회복됨에 대한 아무런 기록도 없다. 바울 자신의 이야기는 누가와 사뭇 다르고 이사야와 예레미야 선지자의 신탁과 같이 들린다. "(하나님께서) 내가 태어나기 전에 이미 나를 성별하셨고 은혜로 부르셨다."고 바울은 주장한다. "그래서 나는 이방인들에게 복음을 전해야만 한다."

끝으로, 바울은 교회를 파괴하려 했던 이전의 시도들을 인정하면서도 유대교 신봉자였던 자신의 삶에 죄책감을 느끼거나 유대인으로 모든 것을 평가해 버렸던 것에 대한 좌절 등은 전혀 고백하지 않는다. 오히려 그는 흠 없는 바리새인으로 살았던 것을 자랑한다. 예수님이 메시아라는 분명한 계시는 하나님 사역에 대한 바울의 이해를 전적으로 뒤바꿔 놓아서 바울이 가지고 있었던 이전의 종교적 열정은 무가치한 것이 되었다.

사도행전과 갈라디아서에서 기록하고 있는 바울의 회심에 대한 묘사는 서로 다르지만, 우리는 이 둘을 동일화시키려는 어떠한 시도도 거부해야 한다. 부활의 주를 만나는 경험은 다차원적이어서 하나의 틀로 설명할 수 없다.

그런가 하면, 우리가 생각할 수 있는 다른 기본적인 논점들에 대해서는 서로 동의하고 있다. 두 사람 모두 제자로 부름받는 것은 스스로 되는 것이 아니라 '예수 그리스도의 계시' 로 하나님으로부터 오는 것이라는 데 동의한다. 또한 하나님의 부르심은 한 사람의 인생관과 가치관을 완전히 바꾸어 버리지만, 이전의 경험들과 신비롭게 연결된다는 점에 동의한다. 누가와 바울에게서 회심은 개인의 사적인 완전성을 의미하는 것이 아니라 교회와 이 세상을 위한 복종의 과정이 시작되는 것을 의미한다. 그리스도는 우리가 다른 곳으로 향하고 있을 때에 우리에게 일어나는 일이다.(C. Clifton Black, Ⅱ)

요약

누가는 바울의 회심을 세 번 언급한다. 갈라디아서에는 바울 스스로가 부름받은 사건을 쓴 기사가 있는데, 이것은 세 기사 가운데 하나다.

제자직으로의 부름은 본인이 방향을 정하는 것이 아니라 하나님으로부터 오는 것이다.

하나님의 부름은 사람들의 생각과 삶을 근본적으로 변화시키지만, 각자의 과거 경험을 신비롭게 연결시켜 준다.

대화

누가는 그의 이야기를 통하여 무엇을 이야기하기 원했는가? 바울은 왜 그의 회심 이야기를 기록했는가? 바울의 회심 내용과 누가가 기록한 바울의 회심 내용은 어떻게 다른가? 또 같은 점은 무엇인가?

■ 성경과 교재(50분)

두세 명씩 짝을 지어 사도행전 7장 1~53절에 있는 스데반의 설교를 공부하라. 이 구절을 읽는 동안 역사적인 사건에 대하여 아는 것들을 생각해 보라고 말하라. 그리고 나서 다음의 질문들을 하라. 어떤 역사적인 사건과 어떤 인물에 대하여 스데반은 강조하고 있는가? 스데반이 생략한 것은 무엇이고, 또 간략하게 다룬 것은 무엇인가? 스데반이 결합시킨 두 이야기는 무엇인가? 누가가 종종 강조한 주제로, 사도행전 7장 51~53절에 나타나는 것은 무엇인가? 스데반의 연설이 장기적인 면에서 영향을 준 것은 무엇인가? 둘째 날 적은 내용과 '말씀 속으로' 의 내용을 사용하라.

경계선을 넘은 것이 무엇인지 생각하라. 그룹으로 나누어 다음의 사람들을 찾아보고 그 장과 절을 말하라. 유대에 있는 유대인, 헬라파 유대인, 사마리아인, 에디오피아인, 이방인. 이 그룹들에 대하여 아는 것을 서로 나누고, 지리적으로 어디에 위치해 있는지 이야기하라. 복음이 이 그룹들에 전파되면서 어떤 경계선을 넘게 되었는가? 셋째 날 적은 사항들과 사도행전 8장을 사용하라. 다음의 질문들을 하라. 오늘날 복음이 전파되기 위해서 넘어야 할 경계선들을 지도로 그린다면 어떤 지도를 그리게 될까? 지도의 모습은 어떠할까? 지리적인 지도일까, 문화적인 지도일까, 아니면 사회적인 지도일까? 특정한 그룹의 사람들을 그린 지도일까? 무엇일까? 학생 교재에 있는 질문, '나와 우리 교회는 복음을 가지고 어떤 경계선들을 넘어 본 적이 있는가?' 를 중심으로 토의하라.

■ 휴식(10분)

■ 말씀과의 만남(25분)
사도행전 9:10~22

본문을 큰 소리로 읽으라. 다음의 질문을 사용하여 개인적으로 공부하라. 하나님에 대하여 무엇을 말해 주는가? 인간에 대하여 무엇을 말해 주는가? 하나님과 인간의 관계에 대하여 무엇을 말해 주는가? 짝을 지어 서로 토의하라.

■ 세상 속으로(20분)

'우리의 모습' 을 큰 소리로 읽으라. 어떠한 경험들이 생동력 있고, 도전적이며, 대망할 수 있는 느낌을 자아낼 수 있을까? 이러한 느낌이 어떠한 의미에서 순교를 각오하고 봉사하고 싶어하는 마음과 관련되어 있을까? 학생 교재에 있는 순교자들에 대한 질문을 가지고 토의하라.

세 명씩 짝을 지어, 이번 주 사역을 구체화할 하나님의 말씀에서 얻은 메시지와 그에 따른 응답들을 서로 나누라.

■ 마침 기도(10분)
• 금주의 기도 제목을 적으라.
• 영성 훈련을 위한 질문들을 주라.
  어떤 결정이나 방향 설정, 그리고 자유를 위해 내가 무엇을 버리거나 금식할 필요가 있는가?
  더 큰 것을 얻기 위해 이번 주에는 무엇을 버려야 할까?
• 마침 기도를 하라.

27 | 선교에 대한 열정

■ **시작 기도(5분)**

■ **이끄는 이야기(20~25분)**

준비

초대 기독교사에서 가장 중요한 내용을 다룬 예루살렘 공회가 열린 이유에 유의하라.

예루살렘 공회에 대한 누가의 설명은, 교회 기원에 대해 누가가 기록하고 있는 이야기의 핵심이다. 누가는 왜 이 모임에 대해 말하고 있으며, 우리는 이 장을 어떻게 이해해야 할까?

사도행전 15장에 있는 공회에 대한 기록은 율법을 준수하지 않는 이방인들에게도 구원이 주어졌다는 사실을 우리에게 강조하는 것이라고 할 수 있다. 더 나아가, 이 장은 이방인 선교가 하나님의 뜻이라는 것을 선언한다. 결과적으로 하나님의 백성이 된다고 하는 것은, 인종이나 율법을 준수하여 유대인이 되는 것에 좌우되는 것이 아니라 예수님을 믿는 모든 사람에게 하나님의 은혜로 주어지는 것이다.

15장은 사도행전의 다른 장들과 밀접하게 연관되어 있다. 1장 8절에서 부활하신 그리스도는 제자들이 예루살렘에서, 유대와 사마리아에서, 그리고 땅 끝에서도 증인이 될 것이라고 말한다. 사도행전은 이 복음의 전파를 보여 준다. 7장까지 사도들은 예루살렘과 유대에 중심을 두고 있다. 빌립이 사마리아에서, 베드로가 이방인 백부장에게, 바울과 바나바가 안디옥 너머의 이방인들에게 복음을 전한 8~14장까지도 예루살렘 교회가 선교를 관장한다. 부활의 주님이 명하신 대로 복음이 이방인들에게 전파된다. 15장에 기록된 공회의 내용은 이 사실을 강조한다.

15장의 첫 다섯 구절은 이방 선교 중에 몇 유대 신자들에게 일어난 문제에 대해 말하고 있다. 그들은 이방인들이 할례받기를 원했고, 새신자들이 하나님의 백성으로서의 징표를 지니기를 원했다. 그들은 이방 선교에 대해 반대한 것이 아니라, 이방인들이 하나님의 백성이 되고자 할 때 갖추어야 할 기본적인 요건에 대한 의견이 달랐던 것이다. 예루살렘 공회에 대한 누가의 이야기는, 이방인들이 율법을 준수하지 않아도 하나님의 백성이 될 수 있는 것이 하나님의 뜻이라는 사실을 분명히 해 준다. 하나님의 백성이 되는 것은 예수 그리스도에 대한 믿음에 근거한다.

이 의견 때문에 바울과 바나바는 선교의 중심이었던 예루살렘으로 간다. 교회의 일치 그리고 유대와 이방 신자들에 대한 개방성은, 율법에 얽매이지 않는 이방 선교를 위한 예루살렘 교회의 지지를 나타낸다.

15장 1~5절까지는 배경과 논쟁점을 서술하고, 6~29절까지는 회의에 대해 기록하고 있다. 바울과 바나바는 이방 회중을 대표하고, 사도들과 장로들은 예루살렘 교회를 대표한다. 두 회중으로부터 나온 증인들은 이방 선교가 율법 준수와 관계 없이 하나님의 은혜로 잘 진행되고 있다고 보고한다.

베드로는 고넬료와의 만남을 회상하면서 그의 보고를 시작한다. 사도행전 10~11에서 두 사람의 만남에 대한 기록은 하나님께서 먼저 일하신다는 사실을 강조한다. 하나님은 오순절날 예루살렘에 모인 사람들에게 성령을 보내 주셨던 것과 마찬가지로 이방인들에게도 성령의 은사를 내려주셨다. 이방인들의 믿음과 주 예수의 은혜에 대한 베드로의 언급이 그가 증거한 핵심적인 측면이다. 이방 선교는 하나님의 의도요, 하나님의 뜻이다.

바울과 바나바가 두 번째 증인이다. 그들은 그들의 이방 선교에서 하나님이 행하신 이적들과 징표들에 대해 말한다. 13~14장에서 우리는 이고니온에서 일어난 이적과 징표들, 루스드라에서 절름발이가 고침받은 사건, 그리고 바울이 죽음 직전에서 기적적으로 탈출한 일 등을 읽을 수 있다. 바울과 바나바의 간증은 하나님께서 이방 선교에 역사하신다는 것이다.

그리고 세 번째로 예수의 형제 야고보가 아모스 선지자를 인용하면서 이방 선교의 정당성을 주장한다. 이방 선교는 성경에서 보여지는 하나님의 뜻과 일치한다. 즉 하나님은 이미 성경 안에서 이방 선교의 의지를 선언하셨다.

야고보는 이방인 회심자들이 반드시 할례를 받아야 할 필요는 없을 것이라고 한다. 그러나 그는 유대와 이방 기독교인들 사이의 친교를 위해, 레위기 17~18장에서 외국인들에게 요구하고 있는 네 가지 조항을 이방 개종자들이 준수할 것을 제안한다. 우상에게 바쳐진 음식을 먹지 말 것, 음행하지 말 것, 제의적으로 도축되지 않은 동물은 먹지 말 것, 동물의 피는 먹지 말 것. 야고보는 이런 요구사항들이 지켜진다면 이방 선교가 모세의 율법에 나타난 대로 하나님의 뜻과 일치한다는 것을 보여 준다. 따라서 그는 이방 선교에 대한 네 번째 정당성을 제공한다.

야고보의 제안은 만장일치로 받아들여졌다. 사도들에게나 장로들에게, 또 전체 교회를 위해 좋은 일이었다. 합의가 도출되었다. 이 소식이 안디옥에 전해졌을 때, 안디옥 교회는 예루살렘 결정을 기쁨으로 받아들이고 예루살렘 장로들의 가르침을 받음으로써 유대와 이방 회중간의 일치를 보여 준다. 그들의 일치는 교회가 하나님의 뜻에 따랐다는 것을 반영하고 하나님의 백성으로서의 정체성을 표현하는데, 그것은 인종에 따라 하나님의 백성이 되고 안 되고 하는 것이 아니라 예수 그리스도를 믿음으로 응답된 하나님의 은혜로 되는 것이다.

따라서 이방 선교는 하나님의 뜻으로 재가된다. 이에 근거하여 교회는 계속 이방 선교를 확장할 수 있었다. 15장 이후부터 베드로의 모습은 나타나지 않고, 바울이 당시 세계의 중심인 로마로 복음을 전파해 감에 따라 사도행전이 끝날 때까지 중심 인물이 된다.(Warren Carter)

요약

어떤 유대계 기독교인들은 이방인 출신 신자들이 할례받기를 원했다.

바울과 바나바는 이방인 교회들을 대변했다. 사도들과 장로들은 예루살렘 교회를 대변했다.

이 두 회중으로부터 나온 증인들은 이방 선교가 율법 준수와 관계없이 하나님의 은혜로 잘 진행되고 있다고 보고한다.

야고보는 레위기 17~18장에서 외국인들에게 요구하는 네 가지 조항을 이방인 회심자들이 준수할 것을 제안한다.

대화

예루살렘 공회의 주된 안건은 무엇이었는가? 회의에서 결의한 내용은 무엇인가? 큰 영향을 미친 결과는 무엇일까?

■ 성경과 교재(50분)

한 주간 읽은 성경을 통해 알 수 있듯이 교회사에서 베드로의 역할은 지대했다. 사도행전 9장 23절에서 11장 18절에 나타난 베드로와 그의 업적을 살펴보라. 다음 질문들을 하라. 각 시점에서 베드로는 어디에 있는가? 베드로가 이 사건들과 관련되어 있을 때 베드로 자신에게는 무엇이 일어나고 있었는가? 베드로를 통하여 성령께서 어떻게 역사하고 계신가? 베드로의 행위의 결과는 무엇인가? 베드로의 삶을 다시 생각해 보라. 우리가 공부하고 있는 구절에서 베드로가 지대한 역할을 할 수 있도록 영향을 준 것은 무엇이라 생각하는가? 학생 교재에 있는 태도 변화와 실천에 관계된 질문에 답하라.

기독교가 퍼져 나가는 과정에서 수리아에 있는 안디옥 교회의 역할을 검토하여 보라. 사도행전 11장 19절에서 15장 35절까지와 갈라디아서 2장을 공부하고, 수리아에 있는 안디옥 교회의 정체성과 성격, 그리고 기독교 활동에 유례 없이 방향을 설정해 준 사건들에 주의를 기울이라.(수리아에 있는 안디옥과 비시디아에 있는 안디옥을 혼돈하지 말라.)

사도행전 13~14장에 보도된 1차 전도 여행을 따라가 보라. 성경 지도와 학생 교재를 참고하라. 바울이 성취해 놓은 본보기와 가는 곳마다 반복하는 것에 주의를 기울이라.

■ 휴식(10분)

■ 말씀과의 만남(25분)
사도행전 11:1~18

각자 본문을 조용히 읽은 후, 한 사람이 큰 소리로 읽을 때 귀 기울여 들으라. 세 그룹으로 나누어 다음 질문들을 가지고 이 구절을 공부하라. 하나님에 대하여 무엇을 말해 주는가? 인간에 대하여 무엇을 말해 주는가?

■ 세상 속으로(20분)

'우리의 모습'을 큰 소리로 읽으라. 무엇을 의미하는지 서로 이야기해 보라.

학생 교재 '세상 속으로'에 있는 문장을 읽고 다음 질문들에 답해 보라. 전도 활동의 성격은 무엇이며, 오늘날 많은 언어와 인종과 문화 그룹을 위한 선교 역할은 무엇일까? 복음을 들고 국경과 경계선을 넘도록 하는 성령의 역사는 어디에서 볼 수 있는가? 나 개인과 우리 모임이 선교를 위하여 넘어야 할 경계선은 무엇인지 생각해 보라.

이번 주 사역을 구체화할 하나님의 말씀에서 얻은 메시지와 그에 따른 응답들을 서로 나누라.

■ 마침 기도(10분)
• 금주의 기도 제목을 적으라.
• 영성 훈련을 위한 질문들을 주라.
  나 중심에서 하나님 중심으로 바뀌면 나의 하루가 어떻게 보일까?
  어떤 것이 자기중심의 삶을 근심스러운 삶으로 만드는가?
  어떤 것이 하나님 중심의 삶을 기쁨으로 만드는가?
• 마침 기도를 하라.

28 | 기쁨으로 행하라

■ 시작 기도(5분)

■ 이끄는 이야기(20~25분)

준비
빌립보와, 빌립보 교인들과, 바울의 관계에 유의하라.

빌립보는 유럽에서 복음이 전파된 첫 번째 장소였다. 누가는 복음이 전파된 과정을 사도행전 16장 12~40절에 기록하고 있다. 유럽으로 복음이 전파된 것은 전혀 새로운 시작이었다. 바울은 빌립보를 선교 확장 면에서 매우 중요한 곳으로 생각했다.

빌립보라는 이름은 마게도냐의 두 번째 왕인 빌립이 영토를 확장하고 성을 쌓은 뒤, 자신의 이름을 붙인 것이다. 빌립보는 옥타비우스가 B.C. 42년과 B.C. 31년에 전쟁에서 승리한 후 전쟁 포로들을 빌립보에 두고 그의 지지자들에게 빌립보 땅을 나누어 줌으로써 로마의 식민지가 되었다.

다시 말해서 빌립보는 작은 로마였다. 거기서 발견된 많은 비문들은 라틴어로 쓰여져 있고, 도시는 로마법에 따라 다스려졌다. 가끔씩 식민지 사람들은 세금을 면제받기도 했다. 빌립보의 식민지 사람들은 이탈리아 땅에 사는 것과 다를 바 없었다. 법에 따라 땅을 사고 팔 수도 있었으며, 재정적 의무를 감당해야 하기도 했다. 그들은 이탈리아에 사는 것같이 편안했다. 긍지와 위엄을 가질 만도 했다.

빌립보에는 유대 공동체가 있었다. 바울은 그들과 함께 기도했다. 그러나 사도행전 16장 13절은 그 장소가 '문 밖 강가'라고 말한다. 이것은 회당이 없었다는 것과 필요한 남자들이 부족했다는 것을 뜻한다. 바울 일행은 환영받은 것이 아니었다. 빌립보 사람들이 바울과 실라를 적대시한 것은, 사도행전 16장 20절에 누가가 기록한 대로 그들이 유대인들이었기 때문이다.

빌립보에서 여자들의 역할이 매우 중요했다는 것을 언급할 필요가 있다. 마게도냐에서 정치적, 종교적, 심지어 군사적으로 여자들이 중요한 역할을 감당했다는 외적인 증거가 있다. 유오디아와 순두게가 언급되고 있는 것과 같이(4:23), 이와 같은 상황은 빌립보 교회에서도 마찬가지였다. 아마도 바울은 빌립보를 세 번 방문했을 것이다. 우리는 보통 바울을 매우 규칙적이고 금욕적이며 지나치리만큼 객관적인 인물로 생각하기 때문에, 그가 빌립보 사람들을 매우 따뜻하게 대했다는 사실은 중요한 뜻을 지닌다. 그는 지난 몇 년간 그에게 선물을 보내 준 그들의 관대함에 감사의 뜻을 전하기 위해 이 편지를 썼다. 또한 바울은 그들이 자신에 대해 걱정을 하고 있었기 때문에 잘 지낸다는 소식을 알리고 싶었다.

그는 교회 안에서의 불화, 특히 그가 거기 있을 때에 함께 일했던 두 여자 사이의 불화에 대해 걱정하였다. 그리고 그는 빌립보에서 기독교인들 사이에 퍼져 있는 완전주의의 위험성을 알고 있었다. 또한 약간의 사람들이 유대교로 다시 돌아가려 한다는 사실도 알고 있었다. 그들 모두에게 그가 전하는 말은 "주 안에서 기뻐하라."는 것이다. 그 기쁨을 알기 위해 거의 모든 것을 참게 된다.

빌립보는 우리가 초대교회를 이해할 때 아주 중요한 지역이다. 바울이 그곳에 도착했다는 사실은, 기독교 선교 전략의 문을 열었다는 의미를 지닌다. 사도행전은 바울이 그의 성화된 지식을 사용하며 육로와 해로를 통해 도시에서 도시로 여행한 것을 보여 준다. 그러나 그는 언제나 해야 할 일을 하지 못했다는 마음의 짐을 지니고 있었다. 이제 그 일을 하고자 빌립보에 온 것이다.

누가는 사도행전 16장 7절에서 "무시아 앞에 이르러 비두니아로 가고자 애쓰되 예수의 영이 허락하지 아니하시는지라."라고 쓰고 있다. 이것은 마음속에 어떤 것이 선뜻 그곳에 가고자 하는 계획을 주저하게 한 것이라고 할 수 있다. 그리고 9절과 10절에서 바울은 "마게도냐로 건너와서 우리를 도우라."고 간청하는 마게도냐 사람(바울은 어떻게 그가 마게도냐 사람인 줄 알았을까?)을 환상 속에서 만난다. 누가는 하나님께서 그의 일행을 불러서 그곳에 가 복음을 전하도록 하심을 믿었다고 쓰고 있다. 마침내 일반적인 생각과 영적인 자각이 조화를 이루어, 그들은 빌립보에 도착하게 되었다.

이 편지는 우리에게 선교에 대한 통찰을 준다. 예를 들어, 선교사의 주요 임무는 선교사가 어떤 처지에 있든 메시지를 선포해야 한다는 것이다. 바울은 지금 옥에 갇혀 있는데, 이것은 첫째로 메시지가 간수에게 전해짐을 뜻한다. 둘째로, 바울이 없는 동안에 다른 기독교인들이 바울 대신에 복음을 전했다. 셋째로, 시기함으로 인해 어떤 사람들은 바울이 사라진 것을 기뻐했지만 복음은 여전히 선포되었다. 바울은 "무슨 방도로 하든지 전파되는 것은 그리스도니 이로써 나는 기뻐하고 또한 기뻐하리라(1:18)."라고 말하였다.

우리가 선교하고 있는 교회를 그려 볼 수 있는 것과 마찬가지로, 바울은 칼과 방패로 무장한 채 도열해 있는 로마 군인들과 마주 서 있는 기독교인들의 모습을 보여 준다. 그는 하나의 공통된 목적을 가지고 흔들림 없이 견디어 나가기를 바라는데, 그 목적은 "너희가 한마음으로 서서 한 뜻으로 복음의 신앙을 위하여 협력하는 것(1:27)"이다. 선교하면서 그들은 서로 의지했고, 공통의 목적을 공유했다. 물론 깊은 신학도 있다. 그는 교회의 불화에 대해 응답하며 쓴 빌립보서 2장에서 스스로를 비우시고 하나님의 위엄을 떠나 겸손하게 인간의 몸으로 나서 십자가에 죽으시고 마침내 하나님에 의해 가장 높이 들림을 받는 그리스도에 대해 말하고 있다. 바울은 이것을 말하면서 예수님에게 일어난 일을 설명하려는 것뿐만 아니라 기독교인들의 모델로 삼고자 하였다. 우리는 하나님의 일을 하면서 겸손해지고, 하나님은 그러한 우리를 높여 주신다. 우리는 죽지만, 하나님은 우리를 살리신다. 디모데와 에바브로디도는 이것을 잘 보여 준다.(2:19~30)

바울의 삶도 좋은 예다. 그가 주 안에서 항상 기뻐할 수 있었던 것은, 어떠한 상황에 처하든지 자족할 수 있었기 때문이다. 그는 어떠한 일에 처하든지 자족하기를 배웠다(4:12). 그 이유는 "내게 능력 주시는 자 안에서 내가 모든 것을 할 수(4:13)" 있기 때문이다. 그는 그리스도께 헌신할수록 그리스도께서 자신을 신실히 도우신다는 것을 경험했다. 이것이 이 '기쁨의 편지'의 비밀이다.(Donald English)

요약

빌립보는 유럽에서 기독교 복음이 전파된 첫 번째 장소다.

빌립보에는 유대인의 공동체가 있었지만 회당은 없었다.

빌립보 교인들의 이름은 그들이 유대인이 아니라 이방에서 태어난 사람들임을 암시해 준다.

바울은 교회 내의 분열을 염려하였다.

바울에게 빌립보서 2장은 기독교인의 삶을 위한 모델이다.

바울이 주 안에서 항상 기뻐할 수 있었던 것은, 어떠한 상황에 처하든지 자족할 수 있었기 때문이다.

대화

빌립보와 초대 기독교인들이 주는 인상은 무엇인가? 빌립보서 신학의 특징은 무엇인가? 바울이 주 안에서 기뻐할 수 있었던 이유는 무엇인가?

■ 성경과 교재(50분)

세 명씩 짝을 지어 사도행전 15장 36절에서 18장 22절까지에 기록된, 바울이 2차 전도 여행 때 방문했던 고장들을 찾아보라. 매일 기록한 내용들을 사용하라. 다음 질문들을 중심으로 바울이 방문한 각 고장에 대하여 토의하라. 관계되었던 사람이나 그룹은 누구인가? 성령께서 어떻게 역사하고 계신가? 기독교가 퍼져 나가고 교회를 개척하는 데 어떤 일이 일어나고 있는가?

바울이 빌립보와 아덴을 방문한 내용을 자세히 검토하라. 두 그룹을 만들어 각 도시에 대하여 연구하라. 빌립보를 위해서는 사도행전 16장 11~40절을 사용하라. 빌립보서 개론을 읽으라. 둘째 날, 넷째 날, 다섯째 날에 성경을 읽으며 적은 내용을 사용하라.

학생 교재 '말씀 속으로'를 사용하라. 아덴을 위해서는 사도행전 17장 15~34절을 사용하라. 셋째 날 적은 내용을 사용하라. 학생 교재 '말씀 속으로'를 사용하라. 각 도시에 대하여 연구할 수 있도록 두 그룹에게 다음 질문을 주라. 전도자들이 당면한 문제는 무엇인가? 바울의 설교와 선교 활동에 대한 반응은 어떠했는가? 그의 전도의 결과는 어떠했나? 빌립보에 대하여 발표한 후, 학생 교재 '말씀속으로 – 기쁜 외침'에 있는 질문들을 중심으로 토의하라.

■ 휴식(10분)

■ 말씀과의 만남(25분)
빌립보서 1:27~2:18

본문을 두세 가지의 다른 번역본으로 읽고, 다른 용어로 표현된 진의들을 발견하라. 2장 5~11절의 상황을 분명히 할 수 있게 의역해 보라. 1장 27절에서 2장 4절까지를 개인별로 읽고, 2장 12~18절을 다음 질문을 생각하면서 읽으라. 바울은 독자에게 무엇을 알리기를 원했는가? 자신의 의역을 다른 두 사람과 나누라.

■ 세상 속으로(20분)

'세상 속으로'에 있는 두 질문을 가지고 토론하라. 성경은 이러한 상황에 대하여 무엇을 말해 주는가? 이러한 상황은 세상이 필요로 하는 사역에 대하여 무엇을 말해 주는가?

두세 명씩 짝을 지어 이 메시지와 의도하는 사역에 대하여 이야기하라.

■ 마침 기도(10분)

• 금주의 기도 제목을 적으라.
• 영성 훈련을 위해 질문들을 주라.
  현재 소유하고 있는 것들이나 쓸 수 있는 돈에 대하여 나는 어떤 생각을 가지고 있는가?
  돈이나 소유를 가볍게 유지하는 것과 줄 수 있는 것을 기쁘게 주는 태도는 어떤 관계가 있는가?
• 마침 기도를 하라.

29 | 용기의 교제

■ 시작 기도(5분)

■ 이끄는 이야기(20~25분)

준비
문제의 원인과 바울이 취한 행동에 유의하라.

교회의 갈등 속에 나타나는 바울의 용기는 고린도전후서의 모든 페이지에서 찾아볼 수 있다. 고린도 교회에 보낸 편지는 신약성경에 나오는 다른 어떤 교회보다 많은 정보를 제공한다. '고린도 서신'이라고 부르는 것이 적당하다고 생각하는데, 그 이유는 고린도전후서에 다른 두 개의 보충적인 편지들이 직접 언급되기 때문이다. 고린도전서 1장과 비교하여 11장의 상황 변화에 대해 설명할 때, 그리고 갑작스런 주제와 어조의 변화를 설명할 때, 적어도 7개의 편지들이 합쳐져 고린도전후서가 만들어진 것 같다. 어떤 학자들은 아직도 고린도전후서의 일관성에 확신을 갖고 있지만, 전서보다는 후서의 편집에서 위에서 말한 바가 학문적인 지지를 받고 있다. 이 두 편지를 함께 엮어 보면 바울이 일관성이 없다는 결론에 이르게 하는 극적인 변화들이 발견된다. 실제로 바울은 초대교회의 어려운 문제들에 직면해 있는 유능한 지도자로 생각된다. 7개의 문단에 근거해서 고린도 교회 교인들과 상호 교통하는 바울을 묘사해 보려 한다.

바울은 고린도전서 11장에서 소문에 대해 응답한다. 바울은 고린도 교회에 분열이 있다는 소식을 듣고 있다. 그 분열은 남자와 여자의 머리 스타일과 성만찬에 관계가 있다. 바울은 전통적인 스타일을 지킬 것을 촉구하고, 성만찬에서 나눠지는 그리스도의 몸을 존중할 것과 남녀 간의 상호성을 주장한다. '비도덕적인 사람들'을 회피할 것을 제안하는 고린도후서는 6장 14절에서부터 시작하여 이교도의 우상과 그리스도의 영역이 상호 배타적이라는 사실을 인정할 것을 요구하는 7장 1절로 이어진다. 그리고 이것은 그리스도 안에서 '모든 것이 합법하다.'고 주장하는 일단의 무리들에 응답하면서, 매춘에 반대하는 고린도전서 6장 12~20절로 계속 나아간다. 고린도전서 9장 24절에서 10장 22절까지 바울은 육체적으로 억제하고 기독교인들은 이교도의 예배에 참석해서는 안 된다고 경고한다. 15장에서는 부활의 교리에서 육체의 문제를 거론하는 고린도의 급진주의자들에게 경멸을 나타낸다.

고린도전서 1장에서는 글로에의 인편을 통해 심각한 갈등에 대하여 구체적으로 보고되는데, 바울은 이에 대해 응답하고 있다. 고린도전서 1장 1절에서 시작되어 6장 11절까지 계속되는 이 세 번째 편지의 서두에서 바울은 "하나님의 미련한 것이 사람보다 지혜 있고, 십자가만으로 구원을 얻는다."고 주장하면서 사소한 일로 교회를 분열시키는 세상적인 지혜를 공격한다. 근친상간의 타부를 깨뜨리는 것으로 그의 영적인 능력을 나타내면서 그는 교인들에게 정진할 것을 요구한다. 그는 자신들의 분쟁을 법정에서 세상적으로 해결하려는 기독교인들에 맞서서 논쟁을 한다. 그리고 7장 1절에서 9장 23절까지에서 성적 감정이 없는 결혼에 대한 급진주의자들의 제안을 반대하고 결혼 상대자간의 완전한 상호성에 대한 개념을 발전시킨다. 바울은 우상에게 바쳐진 음식을 먹음으로써 믿음이 약한 사람들을 실족시켜서는 안 된다고 주장하며, 또한 그가 특권을 누리기 위해 선택된 것은 아닐지라도 그의 봉급에 대한 권리를 변호한다. 그리고 우리에게 친숙한 12장에서 14장까지에서 방언에 대한 과대평가를 경계하고 사랑에 우선순위를 두는 예배생활을 강조한다.

고린도후서에서는 '초사도적(super-apostle) 선교사들'에 의한 새로운 도전을 다루고 있다. 그들은 바울이 방언을 하지 못하고 카리스마가 없는 것을 비판했다. 또한 권위 있는 사람들과 관계가 좋지 못했던 것과 환상을 본 경험에 대해 담대히 말하지 못하는 것을 비난했다. 그들은 분열과 갈등의 한가운데서 회중을 더욱 혼미하게 했다. 바울은 고린도후서 2장 14절에서 6장 13절까지, 그리고 7장 2~4절에서 다시 한 번 초사도적 선교사들이 이적을 행하고 알레고리적으로 해석하는 것에 대한 '충분한 자격'을 나타내는 추천서를 사용하는 것에 대해 응답한다. 바울은 "사람들이 보화를 땅에 쌓아 두고 있는데" 이것은 문제를 일으키기 쉽고 박해를 받기 쉽다고 말하면서, 바울의 정당한 추천서는 바로 고린도 사람들이라고 주장한다. 그리고 이것은 초사도적 선교사들의 반박하기 어려운 주장과 대치된다.

바울은 이 편지를 쓰고 나서 고린도를 잠깐 방문하는데, 경쟁적인 '초사도적 선교사들'에 의해 동요된 회중은 그를 거절했다. 그러자 그는 반대자들의 주장을 뒤집는 '바보의 논설(fool's discourse)'을 고린도후서 10~13장까지에 걸쳐 발전시키면서 소위 '눈물의 편지'를 쓴다. 거짓 사도들과 경쟁하기 위해 자랑할 수밖에 없다고 하면서 바울은 그리스도의 십자가 아래서 신적인 능력이 "인간의 약함 속에서 완전케 된다."는 확신으로 자신의 약점들만 나열한다. 고린도 서신을 마지막으로 구성하는 것은, 이 편지가 회중에게 평화를 준다는 것이다. 그리고 그는 화해의 편지를 쓰는데, 이것은 고린도후서 1장 1절에서 2장 13절, 그리고 다시 7장 5절에서 8장 24절까지에 있다. 그는 여기서 갈등과 그 해결책을 다시 돌아본다. 이것은 갈등으로 중단된(고후 9:1~15) 예루살렘의 헌금을 다시 모으기 위해 지시를 내리는 것으로 계속 이어진다. 고린도후서 9장에 기록되어 있는 대로, 바울은 아가에 보낸 다른 행정 편지에서 헌금을 다룸에 있어서 중요한 역할들을 서술한다.

우리가 교회의 갈등이라는 상황 속에서 고린도 서신들을 이해한다면, 그것들이 이해될 뿐만 아니라 오늘의 많은 문제들에 대해서도 지침을 얻게 될 것이다. 이제 우리는 바울이 변덕스럽고 매우 감정적인 사도가 아니라 많은 스트레스 속에서도 회중의 건강함을 위해 깊이 헌신한 사도라는 것을 알게 되었다. 바울은 고린도 교인들을 사랑했기 때문에 그들의 신앙이 건강해지도록 그들과 논쟁한 것이다. 그리고 마침내 그의 용기와 복음의 능력이 고린도 교인들뿐만 아니라 현대의 기독교인들을 위해 승리한 것이다.(Robert Jewett)

요약

고린도 교회에 보낸 편지는 신약성경에 나오는 다른 어떤 교회보다 많은 정보를 제공한다.

적어도 7개의 편지들이 합쳐져서 고린도전후서가 만들어진 것 같다.

바울은 유능한 지도자로 생각된다.

고린도후서의 대부분은 초사도적 선교사들의 공격을 다루고 있다.

대화

고린도 교회 회중과 바울 사이에 생긴 문제는 무엇이었나? 고린도 교회 회중과 상호 교통하는 모습을 보인 바울에 대해 어떻게 생각하는가?

■ 성경과 교재(50분)

첫째 날에 주어진 본문인 사도행전 18장을 둘씩 짝을 지어 복습하면서, 고린도후서의 배경을 이해하라. 네 명씩 짝을 지어 둘째 날부터 다섯째 날까지 기록한 내용들과 관계된 성경 구절과 학생 교재를 사용하여 고린도후서를 연구하라. 다음 질문들에 답해 보라. 고린도 교회 회중에 대하여 배운 것은 무엇인가? 바울은 고린도에서 목회자나 선교사로서 어떠한 문제에 봉착했는가? 바울을 비판하는 사람들은 그를 어떻게 보았는가? 바울은 어떻게 보이고 이해되기를 원하는가? 바울은 문제를 어떻게 다루는가? 바울에게 예루살렘 교회를 위한 헌금이 왜 그렇게 중요했는가? 바울은 복음의 내용에 대하여 할 이야기가 많았다. 어떻게 복음의 내용을 표현했는지 찾아보라.

바울의 관점에서 볼 때, 사도직의 특징은 무엇이며 사도들은 어떻게 평가되어야 하는가?

한 사람이 고린도후서 3장 17~18절을 큰 소리로 읽을 때 다른 사람들은 기록하게 하라. 개인적으로 첫 번째 읽을 때 미처 깨닫지 못했던 것을 기록하면서 같은 구절들을 조용히 읽으라. 새로 깨달은 것은 무엇이며, 달리 이해된 것은 무엇인가? 한 번 더 읽고 똑같은 과정을 조용히 반복하라. 마지막으로 다시 읽은 후에 짝을 지어 기록한 것과 깨달은 것을 나누라.

'세상 속으로'에 있는 질문들을 중심으로 토의하라.

■ 휴식(10분)

■ 말씀과의 만남(25분)
고린도후서 4장

짝을 지어 다음 질문을 가지고 고린도후서 4장을 연구하라. 본문은 무엇을 말하고 있는가? 본문을 쓴 목적은 무엇이라 생각하는가? 그 당시의 환경과 지금 우리의 환경의 같은 점은 무엇인가? 다른 점은 무엇인가? 오늘의 교회를 위한 의미는 무엇인가? 네 명씩 짝을 지어 토의하라.

■ 세상 속으로(20분)

'세상 속으로'에 있는 질문 가운데 소그룹을 위한 질문과 전체 그룹을 위한 질문을 선택한 후, 두세 명씩 짝을 지어 토론할 질문을 주라. '우리의 모습'을 조용히 읽게 한 후 옆사람과 진술된 내용에 대해 이야기하게 하라. 다음 질문에 대해 생각해 보라. 진술된 내용이 사실이라면 교회에 참여함으로써 보람을 느낄 수 있는 일은 무엇일까?

토의한 것을 기초로, 성경의 메시지에서 얻은 사역의 내용과 그에 따른 응답을 짝을 지어 나누라.

■ 마침 기도(10분)
• 금주의 기도 제목을 적으라.
• 영성 훈련을 위한 질문들을 주라.
  가족 관계에서 섬기는 자가 되어 어떻게 행동할 때 다른 사람에게 고결함과 가치를 부여할 수 있을까?
  오늘 다른 사람들을 위하여 내가 할 수 있는 작은 일은 무엇일까?
• 마침 기도를 하라.

30 | 성전과 정치와 장사

■ 시작 기도(5분)

■ 이끄는 이야기(20~25분)

준비

자신이 바울이 만나고 있는 에베소 교회 장로 중에 하나라고 상상해 보라. 바울이 나에게 주는 조언에 유의하라.

사도행전 20장 1~38절은 교회 지도자들을 향한 바울의 고별 설교다.

바울은 그리스로 향하는 그의 마지막 전도 여행을 하고 있었다. 이제 곧 그는 체포되어 정치적, 종교적으로 권력이 있는 사람들에게 심문받게 될 예루살렘으로 향하게 된다. 그리고 이어 그가 기독교 복음을 위해 순교한 로마로 가게 될 것이다.

바울이 매우 사랑했던 기독교인들에게 고별 설교를 했던 곳은, 바로 번창하던 항구 밀레도였다. 그들은 에베소 교인들이었다. 그들은 소아시아에서 중요한 기독교 중심지였던 에베소에서 왔다. 바울은 그들에게 '기독교의 길(20:21)'을 사적으로 그리고 공개적으로 가르쳤다. 기독교인들을 돌볼 책임이 있는 교회의 지도자들이 바울에게 마지막 지도를 받기 위해 바로 이곳 밀레도에 모였다.

이 교회 지도자들은 장로들이었고 감독자들이었다(행 20:17, 28). 여기서 쓰인 말들은 희랍어인데, 기독교인들을 양육할 책임이 있는 사람들을 나타낸다. 바울 시대에 장로와 감독자들은 또한 감독이라고도 불렸다. 그들이 어떻게 불렸든지 간에 목자상으로서의 감독 이미지보다 중요한 이미지는 없다. 초대 기독교인들은 그들의 지도자를 목자로 생각했다. 감독은 기독교인이라는 양을 치는 목자였다. 감독은 목자가 양을 돌보듯 기독교인 개개인을 잘 돌보았다. 감독은 공동체의 머리 되시는 그리스도와 연합하여 어떻게 살 수 있는지 배우는, 신앙심 깊은 기독교인들을 가르치는 교사였다.

이것이 교회 공동체의 돌봄을 위탁받은 지도자들에게 바울이 마음에 품고 있던 말을 할 수 있는 마지막 기회였다. 그는 무엇을 말하려 했을까?

바울은 교회를 돌보는 데 교회 지도자들에게 게으르지 말라고 경고한다. 그리고 다시 목자의 이미지를 사용한다. 바울은 그가 그곳을 떠난 후에 사람들이 와서 자기들이 참 목자라고 주장할 것이라고 말한다. 그들은 양들이 그리스도를 따르지 못하게 할 것이다. 바울은 이들을 가리켜 '흉악한 이리(20:29)' 라고 했고, 이들은 기독교 공동체를 어지럽힐 것이다. 그는 에베소 교회 지도자들에

게 주어진 은혜 속에 굳건히 서라고 권한다. 그는 그들에게 하나님의 은혜를 전하다가 재판받는 과정에서 인내했던 그 자신의 경험을 예로 든다.

에베소 공동체에서는 참 목자와 거짓 목자를 구별하는 것이 중요한 문제였다. 희랍인들과 로마인들은 종종 유대인들과 기독교인들이 반신적(anti-God)이고 반국가적(anti-country)이라고 힐난하였다. 왜냐하면 유대인도 기독교인도 가이사나 행정적 권력자를 예배하지 않았기 때문이다. 기독교인들이 가이사를 예배하지 않았을 때 정부는 그들을 배반자라고 고발했다. 그들은 예수처럼 범죄자로 몰려 처형당했다. 기독교 신앙의 증인들은 순교자가 되기도 했다.

또한 기독교인들은 식인종으로 몰리기도 했는데, 그들이 성례전에 공개적으로 참여하기 때문이었다. 바울은 교회 지도자들에게 그리스도의 피(20:28)와 그리스도의 희생을 기억할 것과, 성례전은 성숙한 신앙을 위해 필수적이라는 사실을 말하고 있다. 바울은 여기서 다시 양을 먹이는 목자 이미지를 사용한다.

에베소 교회 지도자들에게 참된 지도자와 거짓 지도자, 기독교의 바른 실천과 잘못된 실천을 구분하는 것은 중요한 문제였다. 바울은 그들 곁에 오랫동안 머물면서 문화의 신들이 아니라 여호와 하나님과 이웃을 사랑하라고 가르쳤다. 정부를 배반했고 또 무정부주의자라는 고발에 대해 기독교인들은 어떻게 자신을 변호했는가?

바울은 다시 한 번 성령의 인도하심을 따르라고 말한다. 에베소 공동체에서 상담자와 안내자로서의 성령을 따르는 것은 언제나 하나의 도전이었다. 공동체가 분쟁을 겪고 갈라지기는 쉬운 일이다. 바울은 공동체를 위해 선하게 살아가는 기독교인들의 예를 든다. 기독교인들은 정의와 자비를 베풀고 받기보다는 내어 준다. 믿음을 실천하는 것은 기독교인들이 하나님과 이웃을 얼마나 사랑하는지 측정하는 잣대다.

바울의 모든 삶, 그의 사역, 그의 죽음, 그의 순교는 기독교의 진리를 증거한다. 그는 믿음의 공동체를 파괴하지 말고 굳건히 세우라고 설교했다. 그는 하나님의 부르심이 고난을 의미한다 할지라도 그 부르심에 복종했다. 그가 기독교 신앙을 가지고 산 목적은 내부에서 온 것이지 외부의 권위로부터 온 것이 아니다. 바로 이것 때문에 교회 지도자들에게 성령의 지도를 받으라고 한 것이다. 당신 자신부터 교회를 돌보고 양육하라는 위탁을 받은 것을 알아야 한다.

회 지도자들은 가르치고, 설교하고, 양육하고, 돌보고, 치유하고, 교회를 세우기 위해 부름받았다. 그들은 양 무리의 목자다. 사명을 감당하기 위해 그들은 진실해야 한다.

여기서 소개된 바울은 감정이입(感情移入)의 사람이다. 바울과 교회 지도자들이 서로 기도하고, 서로 안아 입맞추고, 작별을 고할 때, 그들은 서로에게 친밀함을 느꼈다. 서로의 삶과 말과 증인이 되는 데 있어 조화를 이루었다. 작별 설교는 부드럽고 애정이 넘쳤으며, 시간이 멈춘 것 같았다.(Karen Carter)

요약

사도행전 20장 17~38절은 바울의 에베소 교회 지도자들을 향한 고별 설교다.

바울은 목자의 이미지를 사용하여 교회를 돌보는 데 게으르지 말라고 교회 지도자들에게 경고한다.

참 지도자와 거짓 지도자, 참 예배와 거짓 예배, 바른 실천과 잘못된 실천을 구분하는 일이 에베소 교회 지도자들이 당면한 문제였다.

유대인이나 기독교인은 가이사나 권력자를 예배해서는 안 된다.

그리스도의 희생을 기억하면서 성례전에 참여하는 것은 신앙 성숙을 위해 필수적이다.

믿음을 실천하는 것은 기독교인들이 하나님과 이웃을 얼마나 사랑하는지 측정하는 잣대다.

교회 지도자들은 가르치고, 설교하고, 양육하고, 돌보고, 치유하고, 교회를 세우기 위해 부름받았다.

대화

공동체를 인도하기 위하여 바울은 어떤 훈시를 했는가? 목자의 이미지가 왜 실제적으로 적절하다고 생각하는가?

■ 성경과 교재(50분)

네 명씩 짝을 지어 사도행전 19장 1~7절을 연구하라. 다음 질문들을 중심으로 토의하라. 오늘날 교회생활에서 물 세례와 그에 대한 지식만을 만족스럽게 생각하고 성령 세례에 대해서는 꺼려하는 예를 들어보라. 안수하는 것에 대하여 우리 교회 교인들은 어떠한 태도를 보이는가? 교인 중에서 그의 삶 속에 그리스도께서 오셨다는 확신이 결여된 사람을 아는가?

누가는 사도행전에서 예수님이 사역하셨듯이 사도들의 설교와 가르침과 치유를 다루고 있다. 사도행전 19장 11~20절에서는 하나님께서 같은 면에서 바울을 들어 역사하고 계심을 볼 수 있다. 사도행전 19장 11~20절, 누가복음 4장 31~41절, 8장 43~48절을 연구하라. 이 세 본문이 주는 메시지는 무엇이며, 또 결과는 무엇인가?

바울의 3차 전도 여행이 사도행전 18장 23절부터 21장 14절에 기록되어 있다. 바울이 전도 여행 때 방문한 지역들을 찾아보고, 거기서 일어난 사건들을 살펴보라. 누가가 전도 여행을 기록하면서 바울, 성령, 그리고 교회 성장에 대하여 알리기를 원한 것은 무엇인가?

각자 가지고 있는 성경에 에베소에 관한 개론이 있으면 읽어 보라. 에베소서 1~3장을 해석하지 말고 그냥 큰 소리로 읽어 보라. 그러고 나서 소그룹으로 나누어 셋째 날, 넷째 날, 다섯째 날 기록한 내용들을 가지고 에베소서 4~6장에 있는 문제를 찾아보고 또 토의하여 보라.

■ 휴식(10분)

■ 말씀과의 만남(25분)
에베소서 2:11~22

짝을 지어 본문에서 사실 그대로를 말하는 용어와 상징적인 용어를 골라 보라. 그러고 나서 다른 짝과 상징적인 용어와 문단을 가지고 토론하라.

■ 세상 속으로(20분)

'우리의 모습'을 큰 소리로 읽으라. 하나님께서 우리 개인이 가지고 있는 신들을 위협하며 또 우리가 이러한 위협에 어떠한 반응을 보이는지 예를 들어 보라. 다음 질문을 하라. 다른 사람이 가지고 있는 문제는 보면서 내가 가지고 있는 문제는 보지 못하는 경우가 있는가? 소리지르는 군중에 우리가 동참하는 모습을 어느 경우에 찾아볼 수 있을까?

학생 교재 '세상 속으로'에 있는 질문을 가지고 토의하라.

이번 주 나의 사역의 방향을 설정할 하나님의 말씀에서 얻은 메시지와 그에 따른 응답을 서로 읽으라.

■ 마침 기도(10분)

• 금주의 기도 제목을 적으라.
• 영성 훈련을 위한 질문들을 주라.
  성령의 인도하심을 구하기 위해 나는 무엇을 할 수 있는가?
  성령의 인도하심과 단지 마음이 기우는 것을 어떻게 구별할 수 있을까?
• 마침 기도를 하라.

31 | 복음을 위한 담대함

■ 시작 기도(5분)

■ 이끄는 이야기(20~25분)

준비

바울이 로마서를 쓰게 된 동기와 문안 인사를 하는 그룹에 유의하라.

바울의 편지들은 그가 설립하고 직접 책임을 맡고 있는 교회들에 보낸 것이다. 그러나 로마 교회는 바울이 편지를 보내기 이미 수년 전부터 존재하고 있었고, 바울에게 신세를 진 일이 없다. 로마서 1장 13절에서 바울은 로마에 가기를 원했지만, 지금까지 길이 막혔었다고 말한다. 따라서 바울의 다른 편지들과는 달리, 바울은 로마에서 일어난 어떤 일에 대한 반응으로 이 편지를 쓴 것이 아니라 그 자신의 선교 계획을 밀고 나가기 위해 이 편지를 썼다. 편지 끝부분에서 그의 의도를 분명히 나타내고 있다. 그의 선교 목표는 로마가 아니라 스페인이다. 15장 24, 28절은 바울이 이 사역을 완수하기 위해 로마 가정교회의 도움과 협조가 필요했다는 사실을 보여 준다. 그러므로 바울이 왜 로마서를 썼는지에 답하기 위해서는, 이 가정교회의 배경 그리고 스페인 선교를 위해서 왜 그들의 도움이 필요했는지에 대한 설명이 필수적이다.

다른 편지들과는 달리 바울은 로마서 도입 부분에서 수신인을 명확히 밝히고 있지 않다. 16장에 이르러서야 비로소 로마에 있는 5개의 기독교인 그룹들이 나타나기 시작한다. 그 첫 번째는 브리스가와 아굴라의 가정교회인데, 이들은 고린도와 에베소에서 바울을 도왔고 그때는 아마 그들의 고향인 로마로 돌아와 있었던 것 같다(16:3~5에서 이것을 읽을 수 있다). 우리는 이 교회를 브리스가와 친분이 두터운 로마 상류층, 그리고 그녀의 남편 아굴라와 같이 이전에 노예 경력이 있는 희랍 말을 하는 유대인들이 혼합된, 즉 인종적, 사회적으로 혼합된 교회로 생각할 수 있다. 16장 10~11절에서 두 번째와 세 번째 기독교인들에게 문안하고 있는데, 여기서 바울은 로마 행정가인 아리스도불로와 나깃수의 권속 안에 있는 기독교인 세포 조직에 대해 언급한다. 여기서 재미있는 것은 아리스도불로의 권속들, 그리고 나깃수의 권속들로 번역되었다는 점이다. 이 둘은 정부의 경제 행정을 책임지고 있는 사람들이었다. 이 정부 고용인들은 로마제국에 충성하는 잘 훈련된 노예들이었으며, 보수가 좋고 임기를 마친 후엔 자유인이 될 수도 있었다. 이런 배경으로부터 우리는 아리스도불로와 친밀했던 그룹은 유대인들의 이익에 호의적이었던 반면에, 전형적으로 로마풍이었던 나깃수 그룹의 사람들은 유대적 영향에 다소 적대적이

었다는 것을 알 수 있다. 바울의 기록으로부터 분명한 것은 그가 이 두 세포 조직의 지도자들을 알지 못했다는 것이다.

나머지 두 그룹은 16장 14~15절에서 문안하고 있는데, 여기서 '형제들' 혹은 '성도들'의 다섯 지도자들의 이름을 기록한다. 14절: "아순그리도와 블레곤과 허메와 바드로바와 허마와 및 그들과 함께 있는 형제들에게 문안하라." 15절: "빌롤로고와 율리아와 또 네레오와 그 자매와 올름바와 그들과 함께 있는 모든 성도에게 문안하라." 여기서 더 자세하게 기록하고 있지 않는 것으로 보아 바울은 이들의 지도력에 대한 보고만 들은 것 같다. 이 두 그룹에서 노예 이름들이 눈에 띄는 것으로 보아, 이들은 아마 로마 빈민가의 5층 내지 6층짜리 아파트 건물에서 살았던 것 같다. 이런 건물들은 1층에는 상가들이 있고, 2층에는 부자들이 살며, 3층에는 노예들이 좁은 공간에서 살고, 그리고 그 위층엔 이전에 노예였던 사람들이 살게 되어 있었다. 각 가정에는 약 30스퀘어 피트 정도의 공간을 차지할 수 있게 임시 칸막이가 설치되어 있었다. 가로 세로 각각 5피트와 6피트 되는 공간에 5명 내지 6명의 한 가족이 산다고 상상해 보라. 얼마나 숨이 막힐까. 교회 모임이 있을 때는 간이 침구들, 임시 칸막이들, 또 살림살이들을 한편으로 밀어서 여러 가정이 함께 모일 수 있는 공간을 마련했을 것이다. 이 빈민 교회의 조직과 성격은 앞에서 말한 다른 세 그룹과 많이 다른 것 같다. 우리는 이제 왜 바울이 로마서를 쓰면서 '교회'라는 말을 쓰기를 꺼렸는지 알게 되었는데, 5개의 그룹 중에서 단 하나의 그룹만이 자신들을 '교회'라고 했기 때문이다.

이 5개의 그룹은 어떻게 바울이 스페인 선교를 하는 데 도움을 줄 수 있었을까? 좀 더 예리하게 질문한다면, 왜 바울은 로마를 지나서 직접 스페인으로 향하지 않았나? 우리가 아는 바에 의하면, 그는 빌립보, 데살로니가, 베뢰아, 그리고 고린도를 선교하기 위하여 결코 미리 준비하지 않았다. 스페인의 어떤 점들이 로마에 있는 기독교 그룹들의 도움을 필요로 했을까? 최근에 발견된 것들이 이 질문에 대한 답을 주고 있다. 우리는 바울이 편지 쓰기 전에는 스페인에 유대인 정착민들이 없었다는 사실을 알게 되었다. 이것은 바울이 그의 설교를 시작할 회당이 없었다는 것을 의미한다. 바울과 같이 유대 배경을 가진 여행자가 접촉할 수 있는 적당한 장소가 없었다. 그러나 저 심각한 문제는 구약성경의 희랍어 번역에서 메시아를 대망하며 회당에 매료되어 있는 '하나님을 경외하는 사람들'이 없었다는 점이다. 사실, 스페인의 도시 지역에서 사용하던 언어로 된 구약성서가 없었다.

따라서 바울은 처음으로 그의 선교 사역을 위해 많은 준비를 필요로 했다. 그는 교회를 세울 스페인의 많은 도시들에서 통역자들과 접촉할 사람들이 필요했다. 복음을 '땅 끝까지' 전하기 위해

로마의 5회중 모두로부터 도움이 필요했던 것이다. 로마에 보낸 긴 편지에서 바울은 그의 계획을 소개하며, 모든 이방인이 하나님을 찬양할 것이라는 약속의 성취를 위해 그들의 차이점들을 문제 삼지 말고 서로 협력하기를 소망하면서 다섯 회중에게 복음을 전하고 있다. 바울은 이 계획을 그의 생전에 다 이룰 수는 없었지만, 우리가 잘 아는 것처럼 복음을 통해 세계를 하나 되게 만드는 과제는 이제 교회에 주어진 숙제가 되었다. 하나님께서 온 세상을 위해 가지고 계신 선교 계획은 바로 우리의 몫이다.(Robert Jewett)

요약

바울은 자신의 선교 계획을 밀고 나가기 위해 이 편지를 썼다.
바울의 선교 목적지는 로마가 아닌 스페인이었다.
스페인으로 가기 위해 로마에 있는 그룹으로부터 어떠한 도움이 필요했는가?
· 스페인에는 유대인 정착민들이 없었다.
· 바울이 설교할 수 있는 회당이 없었다.
· 유대인들을 접촉할 수 있는 장소가 없었다.
· 하나님을 경외하는 그룹이 없었다.
· 스페인 도시 지역에서 사용하던 라틴어로 된 구약성경이 없었다.

대화

로마서를 쓴 이유는 무엇인가? 가정교회들로부터 도움을 필요로 했던 것은 무엇인가?

■ 성경과 교재(50분)

바울은 몇 번에 걸쳐 군중 앞에서(행 22:1~21), 산헤드린 앞에서(22:30~23:11), 벨릭스 앞에서(24:1~27), 베스도 앞에서(25:1~27), 그리고 아그립바 앞에서(26:1~23) 자신을 방어한다. 그룹을 다섯으로 나누어, 위 본문을 각 그룹에 나누어 주라. 본문의 상황을 이해하라. 그리고 나서 다음 질문을 하라. 바울은 왜 이러한 위치에 놓이게 되었나? 바울이 방어하는 요점은 무엇인가? 그의 연설에서 얻은 결과는 무엇인가? 질문에 답하기 위하여 할당된 성경 구절과 둘째 날, 셋째 날, 넷째 날, 다섯째 날에 기록한 내용을 사용하라.

사도행전 27장 1절에서 28장 16절까지, 그리고 성경 지도와 학생 교재와 다섯째 날 기록한 것을 사용하면서 로마로 향하는 바울의 전도 여행을 추적하여 보라. 바울이 방문하는 지역을 찾아보고, 거기서 일어난 사건들을 서술하라. 이러한 이야기들을 통하여 보여 주는 바울의 모습을 찾아보라. 그리고 나서 학생 교재 '말씀 속으로 – 또 다시 재판으로'에 있는 질문에 답하라.

누가는 사도행전 전체를 통하여 초대교회 성장 단계를 나타내는 중요 구절을 제시한다. 사도행전의 구조와 흐름을 이해하기 위하여, 다음 절과 장의 바로 앞의 내용을 읽어 보라. 사도행전 6:7(1:1~6:7); 9:31(6:8~9:31); 12:24(9:32~12:24); 16:5(12:25~16:5); 19:20(16:6~19:20); 28:30~31(19:21~28:31). 짝을 지어 읽어 보라.

■ 휴식(10분)

■ 말씀과의 만남(25분)

로마서 14장

본문을 각자의 말로 바꾸어 보라. 두 그룹으로 나누어 한 그룹에게는 14장 1~12절을, 다른 그룹에게는 14장 13~23절을 주라. 14장을 큰 소리로 읽으라. 주요 사상을 찾으라. 그리고 나서 두세 명씩 짝을 지어 현대 이미지를 사용하여 의역해 보라. 의역한 내용을 읽으라. 그리고 자원하는 한 사람이 전체 그룹 앞에서 발표하게 하라.

■ 세상 속으로(20분)

'세상 속으로'에서 개인이나 그룹의 형무소(감옥)를 위한 사역을 언급하고 있다. '우리의 모습'을 배경 삼아, 사역의 가능성과 영성 훈련 지침에 대해 토의하라. 연결되는 것이 있는가?
하나님의 말씀에서 얻은 메시지가 구체화할 사역의 내용을 적고, 그에 따른 응답을 서로 나누라.

■ 마침 기도(10분)

• 다음주에 있을 성만찬을 계획하라. 금주의 기도 제목을 적으라.
• 영성 훈련을 위한 질문들을 주라.
어떻게 하면 날마다 하나님께 내 삶을 내어놓는 방법을 배울 수 있을까?
하나님이 내 삶의 중심에 들어오시도록 무언가 내 삶에서 빼낼 것이 있는가?
• 마침 기도를 하라.

32 | 삶의 우선순위

■ 지도자들에게

성만찬을 준비하고, 성만찬을 집행할 수 있는 안수받은 목사님을 초청하라.

■ 시작 기도(5분)

■ 이끄는 이야기(20~25분)

준비

관례와 관계, 매일의 도전 안에 있는 하나님의 질서에 주목하라.

이제 공부를 마치면서 성경 연구가 우리의 삶에 어떤 변화를 일으켰는지 생각해 볼 필요가 있다. 제자 됨에 있어서 하나님이 원하시는 변화와 우리가 필요로 하는 변화를 일으키는 영감은 어떤 것인가? 지난 31주 동안 공부해 오면서 우리는 '말씀 속에서 세상 속에서' 삶의 리듬을 경험해 왔고, 이 세상 속에서 하나님의 말씀대로 산다는 것이 무엇을 뜻하는지 이해하려고 노력해 왔다. 하나님의 부름을 받고 언약 백성이 된 아브라함 이야기와 그들의 신실한 응답으로 축복을 받은 아브라함과 사라의 이야기 속에서 우리는 어떤 리듬을 본다.

성경의 첫 두 책에서 '그 곳에 단을 쌓았다.' 라는 반복되는 문구를 종종 대하게 된다. 이 말은 노아 이야기에서 처음 나오고, 이어서 아브라함 이야기에서 7번 나온다. 이삭도 단을 쌓았고 야곱도 이 전통을 따르고 있다. 우리는 모세의 종교적 여정에서도 하나님의 초대와 지침의 리듬을 발견하게 되는데, 이것은 이 세상 안에서의 신실한 응답이 선행했기 때문이고 모세도 단을 쌓아 이를 기념했다. 이것이 하나님의 말씀 안에 있는 것과 이 세상 안에서 살아가는 것의 리듬이다.

몰간 리웰른(Morgan Llywelyn)은 아이리쉬 사람들의 초기 조상들을 묘사하면서, '믿음이 이끄는 데로 꿈을 따라(Floating on faith and driven by dreams)' 라는 말을 사용한다. 이 말은 우리가 이제 공부를 마치면서 그 동안 배워 온 성서적 지식을 실천으로 옮기는 것이 무슨 의미가 있는지를 깊이 생각해 보고자 할 때, 우리의 자세를 묘사해 준다. 우리는 몇 가지 방법으로 응답할 수 있다. 예를 들어, 매일의 성경 연구와 그에 따른 실행을 중단하고 싶을 수도 있다. 혹은 우리가 영적으로 많은 영감을 얻고 성장했기 때문에, 이 세상을 위한 하나님의 말씀을 발견하기 위해 더 이상 노력할 필요가 없다고 생각할 수도 있다. 우리는 모두 예수님의 산상 변화에 대해 기록하는 누가복음의 에피소드를 기억하고 있다. 잠시 다시 살펴보면, 예수님이 베드로, 야고보, 그리고 요한을 데리고 산꼭대기로 기도하러 가셨다. 거기서 예수님은 변형되어 모세와 엘리야와 대화하셨고 하나님의 복을 받으셨다. 환상이 사라져 갈 때 베드로는 경외감에 사로잡혀 주께 세 개의 초막을 짓겠다고 말했다. 물론 그것은 예수님을 평범한 인간의 삶으로 되돌아가지 않게 하기 위해서였다. 예수님의 반응은 베드로를 뿌리치고 산을 부지런히 내려와 그런 제안을 물리친 것이다. 귀신들린 아이를 고쳐 줄 때까지 예수님은 쉬지 않고 산을 내려오셨다. 그 아이를 팔에 안아 이야기하고 축복해 주고 완전히 고쳐 주셨다. 예수님은 그의 삶의 목적과 하나님의 뜻을 아셨고, 이 세상에서 하나님의 뜻에 따라 신실하게 살면서 하나님이 원하는 것과 사람들이 원하는 것의 차이를 보여 주셨다.

우리도 공부해 오면서 변형된 채로 예수님과 함께 머물고 싶었을 수도 있다. 하나님이 원하시는 것은 이런 경험에 머물러 있는 것이 아니라 우리의 일상적인 일, 관계, 그리고 일반적인 삶의 도전들 안에서 생활하기를 원하신다. 우리에겐 우리 모두가 경험해 온 하나님의 질서의 리듬이 있다. 이 리듬은 말씀을 공부하면서 함께 나누어 온 새 삶의 가능성을 현실화시킨다. 로버트 물홀랜드(Robert Mulholland)는 성경을 지식 전달과 삶의 변화로 읽을 것을 제안한다. 즉 우리가 배워 온 성서적 지식을 삶에 계속 적용해서, 그 지식이 우리를 성실하고 쓸모있는 제자들로 변화시키도록 하는 것이다.

오늘 우리는 다음의 세 가지 구체적인 영역에서 우리 삶을 질서 있게 하고자 초점을 맞추고 있다. 돈에 대한 태도, 가족의 일원으로서의 역할, 그리고 다른 사람들에 대한 개방성. 만일 이 문제 많고 한편으로는 보람도 느낄 수 있는 영역들에 대해 예수님이 가르침을 주신다면 그것은 어떤 가르침이 될까? 예를 들어, 예수님의 어리석은 부자 비유(눅 12:16~21)는 돈과 재산을 모으는 것과 그것을 사용하는 것에 적절한 균형이 있어야 한다는 것을 보여 준다. 어떻게 이 말씀이 우리의 태도를 형성할 수 있도록 할까? 이 말씀은 우리를 어떻게 변화시킬까?

잘 알려진 탕자의 비유(눅 10:29~37)에서 용서하는 아버지와 시기하는 형을 읽게 된다. 우리는 여기서 죄의 용서, 가족 안에서 용서함으로 서로 얻을 수 있는 좋은 점들, 그리고 형제들 간의 반목 등에 대해 무엇을 배우고 실천에 옮길 수 있는가?

다른 사람들과의 관계에 있어 선한 사마리아 사람 비유(눅 10:29~37)보다 더 잘 말해 주고 있는 것이 있는가? 다양한 이웃과 섞여 살면서 이 이야기에서처럼 사랑하고 돌보고 섬기는 자세로 살아간다면 우리의 이웃은 어떻게 변화될까?

이런 이야기들과 인물들은 우리를 향한 하나님의 말씀의 가능성을 나타낸다. 그들은 좋은 성서적 지식을 제공한다. 이 가능성은 기도와 이 세상에서 효과적으로 응답하며 살고자 하는 우리의 의도에 의해 형성된다. 따라서 우리는 말씀에 의해 형성되고, 그 다음엔 이 세상을 변화시켜야 하는 도전을 받는다.

두 성서 인물이 우리의 제자화 여행에 동참할 것이다. 부자 관원과 삭개오다. 그들이 예수님과 만나는 장면을 묘사하고 있는 누가의 결론 부분을 다시 읽어 보라. 누가는 "그 사람이 큰 부자인고로 이 말씀을 듣고 심히 근심하더라."고 말한다. 우리는 여기서 그가 예수님의 길을 따라가지 못했고 고로 삶이 변화되는 기회를 놓쳤다는 것을 알 수 있다(눅 18:18~25). 한편, 삭개오는 예수님의 부름에 전적으로 응답했다. 이 변화된 제자에 대한 누가의 요약적인 보고는 "오늘 구원이 이 집에 머물렀다(눅 19:1~10)"는 것이다. 이 두 사람 사이에 차이를 만들어 낸 것은, 가르침을 잘 받아들이느냐 그렇지 않느냐 하는 것이다. 쓸모 있는 제자는, 가르침을 잘 받아들이는 것과 예수님의 가르침을 이 세상에 잘 적용하는 것에 근거한다.

그런 의미에서 우리의 종교적 탐구를 계속해 가자. '믿음이 이끄는 데로' 그리고 하나님의 사랑과 기회의 '꿈을 따라' 사는 우리들에게 성공회의 축복 기도문이 그대로 이루어지길 바란다.

"온 세상이 하나님의 영광을 나타내고, 그리스도가 만물 안에 실재할 때까지, 믿음 안에 살고, 소망 중에 행하며, 사랑으로 새롭게 되길 원하노라."(Calvin McConnell)

요약

우리는 '말씀 속에서 세상 속에서' 삶의 리듬을 체험했다.

우리는 공부를 같이 한 사람들끼리 그리스도와 함께 변화산 꼭대기에 머물고 싶은 유혹을 받게 될 것이다.

우리의 삶과 함께하시는 하나님의 질서는 산상 변화의 체험에서 일상적인 일, 일상적인 관계, 일반적인 삶의 도전으로 우리를 바꾸어 놓는다.

대화

말씀 속에서 세상 속에서의 리듬을 어떻게 체험하고 있는가? 하나님의 질서와 리듬을 삶에서 어떻게 이해하는가? 삶 속에서 하나님께서 다시 질서 잡아 주시는 것을 어떻게 경험하고 있는가?

■ 성경과 교재(50분)

32과의 강조점은 하나님의 리듬과 제자로서 우선순위에 따라 걷는 길이다. '우리의 모습'을 큰 소리로 읽으면서 시작하라. 자신들의 경험에 맞게 수정하도록 하라. 그리고 나서 짝을 지어 토의하라.

서너 명씩 짝을 지어 삶의 우선순위와 사역의 우선순위를 생각하면서 하루하루 기록한 것을 훑어보라. 하나님 우선순위, 시간, 돈, 가정을 위한 책임, 남을 위한 개방성에 대하여 토의하라. 모두가 돌아가며 이야기할 수 있도록, 주제가 바뀔 때마다 그룹을 다시 만들라. 활동을 끝내는 작업으로 요절을 함께 읽으라.

■ 휴식(10분)

■ 말씀과의 만남(25분)
신명기 6:1~9, 누가복음 10:25~28

한 사람에게는 신명기 6장 1~9절을 다른 한 사람에게는 누가복음 10장 25~28절을 읽게 하라. 그리고 나서 본문을 개인별로 조용히 읽고 다음 질문들에 답하라. 이 본문의 주된 메시지는 무엇인가? 본문과 당신의 삶은 어떤 관계가 있는가? 본문의 의미에 대해 교회는 무엇을 가르쳤는가? 교회가 이 두 본문을 가르쳤을 때 우리는 그 의미를 받아들였는가, 아니면 배척했는가? 본문들이 미래의 비전을 위해 주는 것은 무엇인가? 나의 생각, 느낌, 행동이 어떻게 이 비전에 의해 영향을 받을 수 있을까? 미래에 대한 비전을 다른 사람과 이야기하라.

■ 세상 속으로(20분)

이번 주 '세상 속에서의 하나님 말씀'은 개인의 삶 속에서 하나님의 말씀에 따라 우선순위를 세우도록 요청한다. 하나님의 말씀에서 얻은 메시지에 따라 각자가 나열한 우선순위를 마음이 내키는 한에서 나누도록 초청하라. 결정한 내용을 나눌 수 있도록 시간을 주라. 헌신과 봉사를 할 때에 따르는 문제에 대하여 토의하라.

학생 교재에 제시된 '우선순위 기도문'을 읽으라.(지도자가 읽을 부분은 검정글씨로, 나머지 사람들이 읽을 부분은 색깔글씨로 표기하였다.) 모든 사람이 함께 읽든지, 아니면 지도자를 중심으로 오른쪽에 앉은 사람들과 왼쪽에 앉은 사람들로 나누어 읽을 수 있다. 기도문을 읽은 후에 자신들이 세운 우선순위를 바꿀 수 있도록 시간을 주라.

■ 마침 기도(10분)

성만찬을 행하면서 〈제자 : 말씀 속으로 세상 속으로〉 과정을 마무리하라.

DISCIPLE
INTO THE WORD INTO THE WORLD

by Richard Byrd Wilke
   Julia Kitchens Wilke

Translation rights © 2009 KMC Press, Seoul, Korea
This edition is published by arrangement with Abingdon Press.

제자 II
말씀 속으로 세상 속으로

지도자용

초판 1쇄 2009년 11월 16일

Richard B. Wilke, Julia K. Wilke 지음
유석종, 원달준 옮김

발 행 인 | 신경하
편 집 인 | 김광덕

펴 낸 곳 | 도서출판 kmc
등록번호 | 제2-1607호
등록일자 | 1993년 9월 4일

(100-101) 서울특별시 중구 태평로1가 64-8 감리회관 16층
(재)기독교대한감리회 출판국

대표전화 | 02-399-2008, 02-399-4365(팩스)
홈페이지 | http://www.kmcmall.co.kr
          http://www.kmc.or.kr

디자인·인쇄 | 리더스 커뮤니케이션 02)2123-9996/7

값 7,000원

ISBN 978-89-8430-444-4 04230
      978-89-8430-435-2 (전 4권)

제자 훈련 교재 시리즈 Ⅱ

구약

신약

값 7,000원

ISBN 978-89-8430-444-4
ISBN 978-89-8430-435-2(전 4권)

DISCIPLE

BECOMING DISCIPLES
THROUGH BIBLE STUDY

제자 I

성경 연구를 통한 제자 되기

지도자용

kmc